D1995670

Johanna Pana

Mentales Training für Kinder

Spielend leicht zum Erfolg

draksal FACHVERLAG

INHALT

3 Ihr Kind hat Bedürfnisse – zum Glück!

4 Mehr Motivation mit den richtigen Zielen

5 Starker Kopf – starke Leistung

7 Mental fit in den Wettkampf

6 Koordination hält Ihr Kind im Gleichgewicht

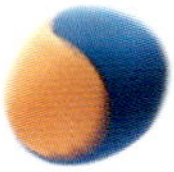

Liebe Eltern, liebe Trainer,

bestimmt fragen Sie sich häufig: Wie kann man Kinder optimal in ihrer Entwicklung fördern? Welche Möglichkeiten hat man als Erwachsener, junge Menschen zu unterstützen und ihnen zu helfen, ein erfülltes und glückliches Leben zu führen?

Antworten auf diese Fragen gebe ich Ihnen im vorliegenden Buch. Schon seit 1995 beschäftige ich mich hauptberuflich mit der Entwicklungsförderung von Kindern im Sport. Aus meiner Tätigkeit als Stützpunktleiterin im Tennisbezirk Wiesbaden, als Schulsportlehrerin und nicht zuletzt als Mutter einer zehnjährigen Pflegetochter weiß ich, wie wichtig klare Strukturen sind. Kinder brauchen einfache, aber wirkungsvolle Systeme, die ihnen Halt und Sicherheit geben.

Hier kommt das mentale Training ins Spiel. Unser gesamtes Handeln wird vom Kopf gesteuert. Es geht also darum, die Kinder mental zu stärken und ihnen Handlungspläne für sämtliche Situationen aufzuzeigen. Über abwechslungsreiche Übungen und Techniken eignet sich das Kind neue, positive Denkmuster an, die es bei Bedarf einsetzen kann. So lässt sich durch mentales Training zum Beispiel die Konzentrationsfähigkeit erheblich steigern. Das Selbstbewusstsein wird gestärkt und der Umgang mit Nervosität entscheidend verbessert.

Darüber hinaus birgt das mentale Training außerordentliches Potenzial für die sportliche und künstlerische Leistungsentwicklung von

Kindern. Bewegungsabläufe werden genau beobachtet und reflektiert, wodurch sich die Technik verfeinert. Koordinationsübungen schulen Körperwahrnehmung und Beweglichkeit. Und Methoden wie der Wochenplan oder das Erfolgstagebuch sorgen für eine gleichbleibend hohe Motivation, weil das Kind lernt, sich realistische Ziele zu setzen und aus Niederlagen zu lernen. Das garantiert beim Training viel Vergnügen und schnelle Fortschritte.

Bitte denken Sie daran: Mentales Training erfordert ständiges Üben. Machen Sie Ihr Kind mit den hier vorgestellten Übungen vertraut und ermutigen Sie es, kreativ damit umzugehen. Vielleicht führen Sie sogar die eine oder andere Aufgabe gemeinsam durch? Die meisten Übungen eignen sich für Kinder von 7 bis 12 Jahren. Wo ein höheres Einstiegsalter ratsam ist, habe ich Ihnen eine Altersempfehlung hinzugefügt.

Mit Mentaltraining helfen Sie Ihrem Kind, zu einer freien und selbstbewussten Persönlichkeit heranzuwachsen – auf spielerische Weise. Denn es wirkt nur, wenn es richtig Spaß macht. Also viel Vergnügen!

Herzlichst,
Ihre

Johanna Pana

1 Das ganze Leben ist Mentaltraining

- Mentales Training für Kinder
- Ab welchem Alter mit mentalem Training beginnen?
- Lernphasen nutzen und altersgerecht Reize setzen

Was heißt eigentlich «Mentaltraining»?

Das Wunder vom Hudson River

16. Januar 2009. Über den Wolkenkratzern der Stadt New York ereignen sich dramatische Szenen: Ein Airbus A320 ist beim Start in einen Vogelschwarm geraten. Plötzlich fallen die Triebwerke aus, das Flugzeug verliert rapide an Höhe. An Bord befinden sich 155 Passagiere. Männer, Frauen, Kinder. Panik bricht aus. – Was macht der Kapitän? Er reagiert blitzschnell. Steuert das Flugzeug in Richtung Hudson River und bringt es kontrolliert auf dem Wasser zum Absturz. Unter den wachsamen Augen des Kapitäns verlassen anschließend alle Insassen und die gesamte Crew zügig das sinkende Wrack und bringen sich in den Rettungsbooten in Sicherheit. Geschafft! Gefahr gebannt. Der Kapitän – ein Held?

Wie war es ihm möglich, so ruhig und gelassen zu bleiben, während um ihn herum blankes Chaos herrschte?

Vorbereitung auf den Ernstfall

Er hat sich viele Jahre lang auf den Ernstfall vorbereitet. Unzählige Übungsstunden investierte er in das Training für Notsituationen. Alle Handgriffe müssen sitzen, wenn es so weit ist. Kein Zaudern, kein Nachdenken, Handeln lautet das oberste Gebot der Stunde.

Leistung auf Abruf sicherstellen

Genau das heißt Mentaltraining für Erwachsene: Es geht darum, Leistung auf Abruf sicherzustellen. Auch der Hochspringer muss beim dritten und entscheidenden Versuch seine Trainingsleistung zeigen – oder er scheidet in der Vorrunde aus. Sportler, Notärzte, Sondereinsatzkräfte, Musiker, selbst Politiker setzen mittlerweile regelmäßig auf die Wirkung des mentalen Trainings, wenn sie ihre Reden einstudieren. Mit erstaunlichem Erfolg: Sogar unter größtem Druck bewahren sie einen kühlen Kopf, lassen sich nicht irritieren.

Immer die Lösung im Blick

Beim Mentaltraining für Erwachsene werden Handlungspläne zur Bewältigung extremer Situationen eingeübt.

Mentales Training für Kinder

Eine «Spielwiese» an Übungen

Im Kinderbereich sieht die Sache ganz anders aus: Kinder sind keine kleinen Erwachsenen. Hier kommt es nicht darauf an, lebensbedrohliche Zustände zu meistern oder die Zukunft des Landes zu beeinflussen. Stattdessen stellt das mentale Training eine «Spielwiese» verschiedener Übungen bereit, mit denen die Kinder gefahrlos ihre Grenzen austesten. Solche Herausforderungen ermöglichen es, spielerisch zu neuen Einsichten und Verhaltensweisen zu gelangen. Feste Handlungspläne geben Sicherheit. Rätsel stärken das strategische Denken. Die ausdauernde Beschäftigung mit einer Aufgabe fördert die Konzentration. Und letztlich wirkt sich das Erfolgserlebnis äußerst positiv auf das Selbstvertrauen aus – der Psychologe spricht hierbei von «Handlungsoptimismus»: Kinder lernen durch die Bewältigung anspruchsvoller Aufgaben, dass sie ihre Umwelt aktiv beeinflussen können. Auf diesem Nährboden entwickeln sich gesunde und stabile Persönlichkeiten!

«Erfolgserlebnisse wirken sich positiv auf das Selbstvertrauen aus»

Schritt für Schritt die Schwierigkeit erhöhen

Im Vordergrund steht der Spaß

Mentales Training mit Kindern läuft größtenteils auf der unbewussten Ebene ab. Es wird also nicht hinterfragt, wozu das Training gut ist. Setzen Sie deshalb immer auf Übungen, bei denen der Spaß im Vordergrund steht. Während das Kind jongliert oder auf dem Wackelbrett hin und her wippt, schult es ganz nebenbei seine Koordination.

Kindliche Neugier ansprechen

Sie sollten Geräte und Methoden verwenden, die gezielt die kindliche Neugier ansprechen. Geben Sie hierzu kleine überschaubare Aufgaben, dann sind schnelle Erfolgserlebnisse garantiert. Und vergessen Sie nicht, ausgiebig zu loben. Auf diese Weise wird Ihr Kind das neue Training als etwas Schönes und Angenehmes empfinden, das ihm Freude macht. Sie können sicher sein, dass es künftig hoch motiviert und voller Tatendrang nach weiteren, schwierigeren Aufgaben verlangt.

Und genau darin besteht der Lerneffekt: Das Kind will stets aufs Neue sein Können erproben. Hat es eine einfache Herausforderung gemeistert, gibt ihm das Selbstvertrauen für komplexere Aufgaben. Anfangs bereitet es etwa große Mühe, sich überhaupt auf dem Wackelbrett zu halten. Eine Weile später schaukelt das Kind entspannt auf einem Bein und hält locker die Balance. Ohne darüber nachzudenken erfährt es so, wie wichtig Ausdauer und Durchhaltevermögen sind. Wer nach dreimal Aufsteigen und Herunterfallen aufgibt, kommt nicht ans Ziel. Erst der eine Versuch mehr ist entscheidend. Kinder verstehen dieses Prinzip intuitiv.

Mein Tipp

Übungen an das Alter des Kindes anpassen

Um Überforderung und Enttäuschung vorzubeugen, achten Sie darauf, die Übungen altersgerecht zu gestalten. Dann steht einem spannenden und lehrreichen Mentaltraining nichts mehr im Wege. Machen Sie sich den kindlichen Lerneifer zunutze!

Ab welchem Alter mit mentalem Training beginnen?

Mentales Training ein Leben lang

Vielleicht klingt es überraschend, doch wir alle trainieren schon unser ganzes Leben lang mental. Bereits im Mutterleib nehmen wir Geräusche, Berührungen und Emotionen wahr. Nach der Geburt treten wir dann durch Fühlen, Tasten, Schmecken, Hören, Sehen und Riechen mit unserer Umwelt in Kontakt. Alle diese Sinneseindrücke müssen vom menschlichen Gehirn verarbeitet und zugeordnet werden – das ist nichts anderes als mentales Training!

Lernanreize schaffen Wissen

In den ersten Monaten seines Lebens erwirbt ein Neugeborenes sämtliche Grundlagen seines späteren Wissens. Was danach an neuen Informationen hinzukommt, wird mit diesem Basiswissen verknüpft. Durch gut gesetzte Lernreize entwickeln sich neuronale Bahnen (Verbindungen) im Gehirn. Sie erleichtern das Verstehen von Aufgabenstellungen und fördern das Denkvermögen. Was lernt das Kind nun am besten wann? Bevor ich diese Frage beantworte, möchte ich Sie einladen auf einen kurzen Ausflug in unser zentrales Nervensystem (ZNS), zu dem neben dem Gehirn auch das Rückenmark gehört.

Einige neurologische Grundlagen

Denken, Sprechen, Erinnern, Bewegen

Immer wenn wir denken, sprechen oder uns bewegen, hat unser Zentralnervensystem jede Menge zu tun: Elektrische Impulse werden auf Nervenbahnen transportiert und gelangen so an ihren Bestimmungsort (Aktivierung der entsprechenden Muskeln, Aktivierung des logischen Denkens oder einer Sprache, Erinnern an eine Information). Dies kann aber nur geschehen, wenn die dazu notwendigen Verbindungen im Gehirn geschaltet sind.

Elektrische Impulse

Ein elektrischer Impuls gelangt auf seinem Weg von einem Neuron (Nervenzelle) zum nächsten. Alle Nervenzellen entsenden ihre Signale in Form kurzer elektrischer Impulse, die sich über das sogenannte Axon (zentraler Strang der Nervenfaser) fortsetzen. Mit Hilfe des Axons kann die Zelle mit anderen Zellen in Verbindung treten. Die Verbindungsstelle zwischen zwei Neuronen wird Synapse genannt. Da jede Zelle die Möglichkeit hat, zu weiteren Zellen Verbindung aufzunehmen, kommt es zu einer unglaublich großen Anzahl von Verknüpfungen. Es entsteht ein unübersichtliches Netz.

Informationsübertragung

Wenn man sich vorstellt, dass jeder Nervenimpuls einer kleinsten Informationseinheit entspricht (in etwa vergleichbar mit einem Bit in der EDV-Sprache), dann ist leicht nachzuvollziehen, dass die Wege, die ein Impuls nehmen kann, mit zunehmender Anzahl der Verästelungen drastisch zunehmen.

Bei unserer Geburt sind bereits alle Neuronen ausgebildet, bis zum zweiten Lebensjahr entstehen auch die meisten der Synapsen. Stellen Sie sich das nur einmal vor: Im menschlichen

Pfade ausbauen

Gehirn befinden sich 100 Milliarden Neuronen und jedes davon hat schon bei der Geburt fünf bis zehn Verschaltungen. Über die Synapsen hinweg werden Signale mittels Botenstoffen, sogenannten Neurotransmittern transportiert. Diesen Synapsen müssen aber Informationen (Denk- oder Bewegungsmuster) zugeordnet werden. Geschieht das nicht, verkümmern sie. Auf der anderen Seite werden diese Pfade verbreitert und ausgebaut, wenn wir sie häufig benutzen. Das ist der Grund, warum wir durch Üben und Trainieren eine Bewegung oder geistige Fähigkeit erlernen, verbessern und perfektionieren können. Haben wir dabei Spaß, merken wir uns alles gleich noch mal so gut. Suchen Sie deshalb auch für Ihr Kind nach der Lernmethode, die ihm am meisten Freude macht.

Lernphasen nutzen und altersgerecht Reize setzen

Für optimale Lernergebnisse sollte sich das mentale Training in allen Lebensphasen nach den Stufen der neuronalen Entwicklung richten. Entwicklungsfenster (Affinitätsfenster) für bestimmte Fertigkeiten dürfen nicht verpasst werden, sonst schließen sie sich, ohne dass sich zuvor die gewünschten Verbindungen im Gehirn gebildet haben.

«Das mentale Training sollte sich nach der Entwicklung richten»

Auf den nächsten Seiten möchte ich Ihnen einen Überblick geben, worauf es in welchem Alter ganz besonders ankommt. Aber setzen Sie sich selbst nicht zu stark unter Druck – vieles davon geschieht automatisch, wenn Sie sich intensiv mit Ihrem Kind beschäftigen.

Vor der Geburt

Ein Baby kann schon im Mutterleib hören, also sollte man bereits jetzt mit ihm kommunizieren, damit es sich an die Stimmen gewöhnt. Auch die beruhigende und entwicklungsfördernde Wirkung von klassischer Musik ist mittlerweile kein Geheimnis mehr.

Null bis zwei Jahre

In diesem Alter wachsen im Gehirn unzählige Nervenbahnen und Verbindungsknoten zusammen. Der Bewegungs- und Lerndrang des Babys ist dementsprechend groß. Es sucht ständig und überall nach Impulsen. Das Zeitfenster steht weit offen für Inhalte wie «greifen lernen», «gehen lernen», «sprechen lernen». Wenn Sie als Eltern diesen Drang befriedigen, wird sich das Kind gut entwickeln. Selbstverständlich kann ein Baby noch nicht konzentriert lernen, Sport treiben oder musizieren. Das bedeutet aber nicht, dass es für anspruchsvolle Denk- oder Bewegungsaufgaben zu klein wäre. Ganz im Gegenteil, Sie sollten schon im Babyalter mit solchen Übungen beginnen – allerdings mit altersgemäßem Anspruch. Alle Eltern dieser Welt tun dies. Was ist es denn anderes, wenn man dem Baby eine Rassel in die Hand drückt, es bei den ersten Krabbel- oder Gehversuchen unterstützt und ihm einen Ball zurollt? Mentales Training – hätten Sie das gedacht?

Ab dem Alter von zwei Jahren ändert sich die Situation. Die Synapsen (Verbindungsstellen) sind vollständig ausgebildet. Nun geht es darum, möglichst viele von ihnen zu benutzen und so zu festigen. Nur dann bleiben sie dauerhaft verfügbar, während sich diejenigen, die nicht gebraucht werden, zurückbilden und langfristig verkümmern. Auch wenn dieser Prozess erst mit der Pubertät gänzlich abgeschlossen ist, liegt die günstigste Lernphase zwischen dem zweiten und dem sechsten Lebensjahr. Jetzt sollte das Kind optimal gefördert und mit ansprechenden Lerngelegenheiten vertraut gemacht werden.

Zwei bis sechs Jahre

Die Realität sieht häufig anders aus. In vielen Kindergärten oder Pflegegruppen bleibt der Erwerb neuer Fertigkeiten auf der Strecke. Die Fähigkeit der Kinder, Informationen zu verarbeiten und anschließend zu speichern, wird stark unterschätzt. Tatsächlich schafften es Entwicklungsforscher in einem Experiment, vierjährigen Kindern innerhalb von 20 Stunden auf spielerische Weise mathematische Kenntnisse zu vermitteln, die sonst laut Lehrplan das ganze erste Schuljahr in Anspruch nehmen.

Kinder schon früh fördern

Was lernen Sie daraus? – Die Grundausbildung der kleinen Kinder sollte möglichst vielseitig sein. Stellen Sie sicher, dass regelmäßig Sportübungen durchgeführt werden. Das trainiert Koordination und Beweglichkeit. Auch Musik kommt eine wichtige Rolle bei der neuronalen Entwicklung zu. Lassen Sie die Kinder singen, so oft es geht. Noch besser sind rhythmisches Klatschen, Trommeln, Tanzen oder das Erlernen eines einfachen Musikinstrumentes (z. B. Blockflöte). Alle Aufgaben müssen den Kindern in spielerischer Form dargeboten werden, das heißt, altersgerecht und ohne Zwang.

«Fördern Sie kleine Kinder möglichst vielseitig»

Mein Tipp

Aufbauarbeit leisten

Im Alter von zwei bis sechs Jahren wird das Fundament für die künftige geistige und motorische Entwicklung gelegt. Sämtliche späteren Lernprozesse bauen darauf auf. Investieren Sie daher gerade in diesem Lebensabschnitt in eine besonders intensive und hochwertige Förderung Ihres Kindes. Schließlich würden Sie auch beim Hausbau nicht auf wackelige Grundmauern setzen.

Ab sechs Jahren

Das kindliche Gehirn arbeitet weiter daran, die gebildeten Verbindungen zwischen den Nervenzellen zu festigen. Dafür benötigt es immer noch geeignete Reize und Anregungen – allerdings auf höherem Niveau: Durch die bereits gemachten Lernerfahrungen hat das Denkvermögen eine neue Stufe erreicht. Nun können auch komplexere Zusammenhänge zwischen Sachverhalten hergestellt und verstanden werden.

Schulzeit

Mit der Einschulung sieht sich das Kind zugleich schwierigeren Aufgaben gegenübergestellt. Wie gut es damit zurechtkommt, hängt auch von seinen Lehrern und Lehrerinnen ab. Zwar sind die Erkenntnisse der Neurobiologie schon seit Langem Bestandteil der theoretischen Pädagogik, trotzdem gibt es immer wieder Schwierigkeiten bei der Umsetzung. Zu oft bekommen die Kinder in der Schule Ergebnisse vorgesetzt, anstatt sie selbst zu erarbeiten.

Neue Herausforderungen

Es steht jedoch inzwischen unzweifelhaft fest, dass die meisten Kinder (dasselbe gilt übrigens für uns Erwachsene) Lerninhalte viel besser und dauerhafter im Gedächtnis behalten, wenn diese eigenständig erarbeitet wurden. Die Schüler haben so mehr Spaß am Lernen. Gleichzeitig befriedigt das selbsttätige Aneignen des Stoffes ihr Bedürfnis nach Bestätigung, und ihr Selbstwertgefühl steigt.

Emotion und Information

Unser Gehirn speichert Informationen stets zusammen mit Emotionen. Je intensiver diese Emotionen sind, desto einfacher kann die betreffende Information wieder abgerufen werden. Das betrifft natürlich in erster Linie positive Empfindungen, da der Mensch aus Selbstschutz versucht, unangenehme Wahrnehmungen zu verdrängen. Trotzdem werden mitunter auch Informationen, die mit negativen Emotionen verbunden sind, sehr gut gespeichert. So wird zum Beispiel ein Kind, das im Unterricht eine falsche Antwort gegeben hat und dem diese Situation peinlich war (die ganze Klasse lachte) die richtige Antwort nicht so schnell vergessen. Allerdings birgt das die Gefahr in sich, dass das Selbstvertrauen des Kindes abnimmt und seine Noten schlechter werden. Es meldet sich plötzlich nicht mehr freiwillig und hat viel weniger Spaß am Unterricht.

Damit genau das nicht passiert, stärken Sie das Selbstvertrauen Ihres Kindes! Dann braucht es vor solchen negativen Lernerfahrungen keine Angst zu haben. Mentales Training kann hierzu einen entscheidenden Beitrag leisten. (Für Ungeduldige: Lesen Sie dazu Kapitel 5 «Starker Kopf – starke Leistung».)

Auch im schulpflichtigen Alter ist für die Kinder eine optimale Förderung wichtig. Dem zuvor gelegten Fundament müssen jetzt der Kellerausbau, das Erdgeschoss, die Wände, mehrere Etagen usw. folgen. Jedem Alter entspricht dabei eine bestimmte Stufe der Förderung.

Acht bis zwölf Jahre

Der ideale Zeitraum, um die motorischen Fähigkeiten zu erweitern. Die Kinder sind aufgeschlossen für komplexe koordinative Bewegungen, und es fällt ihnen leicht, diese zu verstehen und auszuführen. Während bis zum achten Lebensjahr die sportliche Förderung möglichst breit angelegt werden soll, kann man sich nun auf ein oder zwei Sportarten spezialisieren. Ab dem zehnten Lebensjahr dürfen Wettkämpfe hinzukommen und das Trainingspensum intensiviert werden. Dabei stehen allerdings das Spielerische und der Spaß im Vordergrund.

Komplizierte Denkaufgaben

Neben dem gesteigerten Koordinationsvermögen wächst nun auch das Interesse an komplizierteren Denkaufgaben. Den Kindern bereitet es große Freude, knifflige Mathematikaufgaben zu lösen. Sie können sich besser ausdrücken und Ereignisse detailreich wiedergeben. Außerdem nimmt die allgemeine Konzentrationsfähigkeit zu, so dass die Kinder genügend Ausdauer für das Erlernen einer Fremdsprache oder eines Musikinstruments haben.

Lernstufen planen

Das Haus «Ich» ist ein Unternehmen auf Lebenszeit. Jede Lernstufe, jedes Stockwerk muss sorgfältig geplant und ausgebaut werden. Nur wenn sich alle Schritte sinnvoll aneinander anschließen, sind die gesteckten Ziele erreichbar. So lässt sich unser Leben als ständiges mentales Training begreifen. Wir sammeln Erfahrungen und unsere Sicht der Dinge verändert sich in Abhängigkeit davon stets aufs Neue.

Mein Tipp

Wie geben Sie die richtigen Lernimpulse?

Beobachten Sie Ihr Kind sehr aufmerksam, um Hinweise auf vorhandene Stärken und Talente zu erhalten. Welchen Aktivitäten widmet es sich mit vermehrtem Interesse? Was macht ihm besonders viel Spaß? In diesen Bereichen sollten Sie Ihr Kind nachhaltig unterstützen, damit es seine Potenziale voll entfalten kann. Auch Erfolgserlebnisse stellen sich schneller ein. Und nicht zuletzt gibt ihm die Aufmerksamkeit von Ihrer Seite zusätzliche Sicherheit und Selbstvertrauen.

Das Wichtigste auf einen Blick

Zusammenfassung

- Beim Kinder-Mentaltraining werden spielerisch eigene Grenzen überwunden
- Erfolgserlebnisse geben Selbstvertrauen für größere Herausforderungen
- Beginnen Sie so früh wie möglich, mit Ihrem Kind zu trainieren
- Synapsen wollen mit Informationen gefüttert werden
- Bieten Sie in jedem Alter passende Lernanreize

2 Kinder brauchen Erziehung

- Regeln und Freiräume
- Seien Sie Vorbild
- Lernen durch Mitdenken und Ausprobieren

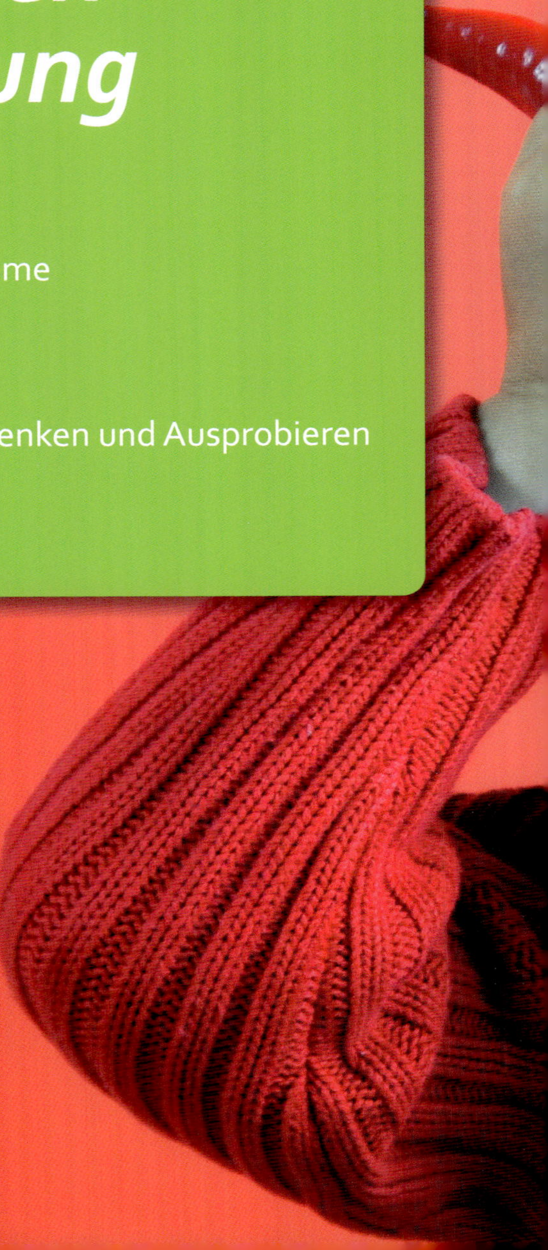

Regeln und Freiräume

Im ersten Kapitel haben wir festgestellt, dass jede Form der Beschäftigung mit Ihrem Kind immer auch mentales Training ist. Damit übernehmen Sie als Eltern zugleich die Aufgabe des ersten Trainers und Lehrers Ihres Kindes. Das klingt nach viel Verantwortung? Auf jeden Fall. Weil Sie so großen Einfluss auf Ihr Kind ausüben, sollten Sie sich gründlich mit dieser Rolle auseinandersetzen.

Regeln und Freiheiten

Braucht mein Kind überhaupt eine Erziehung, fragen Sie sich vielleicht? Die Antwort lautet definitiv: ja. Kinder fordern klare Regeln. Sie verlangen nach Anleitung, wollen wissen, wie sie sich im Alltag verhalten sollen. Das gibt Sicherheit und ermöglicht es ihnen, sich in die soziale Gemeinschaft zu integrieren. Doch mit Regeln allein ist es nicht getan, Kinder müssen auch lernen, einen eigenen Willen zu entwickeln und diesen durchzusetzen. Nur so wachsen sie zu selbstbestimmten Menschen heran. Es geht also darum, einerseits mithilfe von Regeln Verhaltensspielräume festzulegen, zum anderen aber auch genügend Freiheiten für die Entfaltung der individuellen Persönlichkeit zu lassen. Dabei möchte Sie dieses Kapitel unterstützen.

«Kinder verlangen nach Anleitung und wollen wissen, wie man sich im Alltag verhält»

Warum antiautoritäre Erziehung konsequent sein muss

Stellen Sie sich folgende Situation vor: Samstag Mittag, eine lange Schlange an der Supermarktkasse. Mitten darin eine Mutter mit ihrem 10-jährigen Kind. Dieses Kind schiebt der vor ihm wartenden Dame mehrmals den Einkaufswagen gegen die Beine. Trotz wiederholter Bitten der Dame, damit aufzuhören, macht das Kind weiter. Die Mutter ignoriert die Szene. Als die malträtierte Dame sich direkt an die Mutter wendet, sagt diese: «Mein Kind ist antiautoritär erzogen, kann also machen, was es will.» Das Kind schiebt den Wagen weiterhin gegen die Beine der Dame, woraufhin diese einen Joghurtbecher aus ihrem Einkaufswagen nimmt, ihn öffnet und der Mutter den Inhalt ganz genüsslich über den Kopf schüttet mit den Worten: «Ich bin auch antiautoritär erzogen, kann also machen, was ich will.» Danach bezahlt sie den Joghurt anstandslos.

Konsequenzen aufzeigen

Was können wir aus diesem Verhalten lernen? Selbstverständlich langweilen sich Kinder in der genannten Situation, das geht den meisten Erwachsenen im Übrigen nicht anders. Soll man deswegen ein solches Benehmen dulden? Natürlich nicht. Entweder das Kind weiß sich insofern zu benehmen, dass es die Mindestregeln des sozialen Miteinanders akzeptiert, oder die Mutter kann es nicht mitnehmen. Die antiautoritäre Grundregel, das Kind müsse selbst die Konsequenzen seines Verhaltens erfahren, verlangt unbedingt, dass diese Konsequenzen von irgendwoher aufgezeigt und durchgesetzt werden.

Eltern in der Verantwortung

Konsequenzen sollten direkt aus der Situation erwachsen, ohne dass die Eltern diese auf Umwegen aufzeigen (z. B. mittels einer Strafe). Aber das hat einige Nachteile, die sich zum Teil als unüberbrückbar erweisen. In dem hier angesprochenen Beispiel kann es nicht die Aufgabe fremder Menschen sein, dem Kind seine Grenzen aufzuzeigen, aus rechtlichen Gründen dürfen sie es ohnehin nicht. Und «Selbstjustiz», die sich gegen die Eltern richtet, stellt auch keine dauerhafte Lösung dar. Eher droht eine Eskalation der sowieso schon angespannten Lage. Folglich muss die Konsequenz von den Eltern kommen. In diesem Fall hätte vermutlich die simple Aufforderung der Mutter: «Hör auf damit!» und gleichzeitig die Begründung: «Das tut der Frau doch weh!» das Kind dazu veranlasst, von seinem Tun abzulassen. Wenn nicht, wäre das ein Zeichen dafür, dass in der Beziehung Mutter – Kind vonseiten des Kindes überhaupt kein Respekt vorhanden ist. Eine freundschaftliche Erziehung bleibt daher – vorerst – zum Scheitern verurteilt.

Handeln hat Konsequenzen

Achten Sie bei der Erziehung darauf, dass die Konsequenzen seines Handelns für das Kind jederzeit vorhersehbar sind. Sobald es weiß, welche Folgen sein Verhalten haben wird, erhält es zugleich die Möglichkeit, diese abzuwenden, indem es das unerwünschte Verhalten unterlässt. Stellen Sie dafür stets eine unmittelbare Verbindung zwischen Fehlverhalten und Konsequenz her. Das heißt, die Strafe muss sofort erfolgen und in einem logischen Zusammenhang stehen. Begründen Sie also immer, warum etwas falsch ist.

Info

Seien Sie Vorbild

Kinder spiegeln die Ansichten ihrer Eltern wider

Ob wir es wollen oder nicht – Kinder spiegeln mit ihrem Verhalten oft die Ansichten der Erwachsenen in ihrem Umfeld wider. Wenn eine Mutter gleichgültig zusieht, wie ihr Kind andere Menschen belästigt, sagt das eine Menge über ihre eigene Einstellung gegenüber den Mitmenschen aus. Nicht selten liegt die Ursache für «auffälliges Benehmen» bei Kindern in der Nachlässigkeit der Eltern begründet.

Gewünschtes Verhalten vorleben

Sie können jedoch auch positiv auf Ihr Kind einwirken, indem Sie selbst das gewünschte Verhalten vorleben. Gehen Sie mit gutem Beispiel voran. Folgt beispielsweise Ihr Tagesablauf festen Regeln? Dann wird Ihr Kind diese und ähnliche Gewohnheiten automatisch nachahmen und zu seinen Ritualen machen. Sind Sie als Eltern dagegen ständig gestresst und hektisch, müssen Sie sich nicht wundern, dass Ihr Kind Schwierigkeiten hat, sich zu konzentrieren und ruhig zu bleiben. Zunächst einmal müssen die Eltern strukturiert sein, damit das Kind Strukturen entwickeln kann.

Rituale schenken Wärme und Geborgenheit

Das Bedürfnis nach Ritualen zeigt sich bereits im Babyalter. So fühlt sich das kleine Wesen am wohlsten, wenn es auf die gleiche Art und in der gleichen Umgebung gefüttert oder zu Bett gelegt wird. Rituale sind wiederkehrende Tätigkeiten, die stets dem gleichen Prinzip folgen. Schnell lernt das Baby Baderituale, Anziehrituale, Essens- und Schlafrituale kennen. Leider gehen diese häufig nach einiger Zeit verloren oder sie werden gar nicht erst eingeführt. Das ist bedauerlich, denn Rituale geben dem Kind Halt. Es weiß, was es erwartet und was von ihm verlangt wird. In diesem Sinne sind Rituale Regeln.

Info

Regeln helfen, Zeit zu sparen

Je früher Ihr Kind lernt, sich an festen Abläufen zu orientieren, desto leichter fällt es ihm später, sich in Schule oder Sportverein zurechtzufinden. Klare Regeln bestimmen den Unterricht und das Miteinander im Team. Ein weiterer Vorteil: Kinder erfahren, dass man durch Anwenden von Routinen einfacher Probleme und Aufgaben lösen kann. Somit helfen Regeln, Zeit zu sparen. Das Kind erhält dadurch die Möglichkeit, sich einer größeren Fülle von Aktivitäten zu widmen.

«Regeln sparen Zeit und lassen mehr Raum für andere Aktivitäten»

Ü1 Mehr Übersicht mit dem Wochenplan

Altersempfehlung:
ab 8 Jahren (Das Kind sollte lesen und schreiben können.)

Als Erwachsene wissen wir genau, was wir am nächsten Tag tun werden und welche Arbeiten wir erledigen müssen. Unerwartete Situationen hingegen bringen uns aus der Ruhe. Wir befürchten mögliche negative Konsequenzen – und das verursacht uns Stress. Auch Kinder können Herausforderungen besser bewältigen, wenn sie Gelegenheit haben, sich darauf vorzubereiten. Mit Hilfe eines Wochenplans, ähnlich dem Stundenplan für den Schulunterricht, sehen die Kinder schon zu Beginn einer Woche, was auf sie zukommt. Das erlaubt ihnen, ihre Aufgaben konzentriert und motiviert anzugehen.

Ein solcher Plan ist aber nicht nur eine Hilfe für Ihr Kind, sondern auch für Sie selbst. Ihre Zeitplanung wird bei der Visualisierung der Termine Ihres Kindes klarer. Weil Sie sich darauf verlassen können, dass die Aufgaben Ihres Kindes gut organisiert sind, bleibt Ihnen mehr Zeit, sich auf Ihre eigenen Angelegenheiten zu konzentrieren und diese gezielter und effektiver in Angriff zu nehmen.

Wie sieht der Wochenplan aus? Zur Veranschaulichung zeige ich Ihnen hier einen Beispielplan, wie ich ihn auch selbst verwende.

Uhrzeit	Montag	Dienstag	Mittwoch
06:00	06:30 aufstehen Morgenritual (waschen, anziehen) Frühstück	06:30 aufstehen Morgenritual (waschen, anziehen) Frühstück	06:30 aufstehen Morgenritual (waschen, anziehen) Frühstück
07:00	07:30 aus dem Haus (Weg zur Schule)	07:30 aus dem Haus (Weg zur Schule)	07:30 aus dem Haus (Weg zur Schule)
08:00	08:15 Unterrichtsbeginn	08:15 Unterrichtsbeginn	08:15 Unterrichtsbeginn
09:00	Unterricht	Unterricht	Unterricht Mathearbeit
10:00	Unterricht	Unterricht	Unterricht
11:00	Unterricht	Unterricht	Unterricht
12:00	Unterricht	Unterricht	Unterricht
13:00	Unterricht	Unterricht	Unterricht
14:00	Mittagessen	Mittagessen	Mittagessen
15:00	Hausaufgaben: mit dem schwächsten Fach anfangen	Musikschule	Hausaufgaben: mit dem schwächsten Fach anfangen (üben für den Deutschtest)
16:00 17:00 18:00	Sport	Hausaufgaben: mit dem schwächsten Fach anfangen (üben für die Mathearbeit)	Freizeit
19:00	Abendbrot Tagebuch (Stichpunkte)	Abendbrot Tagebuch (Stichpunkte)	Abendbrot Tagebuch (Stichpunkte)
20:00	bettfertig	bettfertig	bettfertig
21:00	schlafen	schlafen	schlafen

Donnerstag	Freitag	Samstag	Sonntag
06:30 aufstehen Morgenritual (waschen, anziehen) Frühstück	06:30 aufstehen Morgenritual (waschen, anziehen) Frühstück		
07:30 aus dem Haus (Weg zur Schule)	07:30 aus dem Haus (Weg zur Schule)	aufstehen Morgenritual (waschen, anziehen) Frühstück	aufstehen Morgenritual (waschen, anziehen) Frühstück
08:15 Unterrichtsbeginn	08:15 Unterrichtsbeginn		
Unterricht	Unterricht		
Unterricht	Unterricht		
Unterricht Deutschtest	Unterricht	Turnier (Sport)	Ausflug Tierpark
Unterricht	Unterricht		
Unterricht	Unterricht		
Mittagessen	Mittagessen		
Hausaufgaben: mit dem schwächsten Fach anfangen	Hausaufgaben: mit dem schwächsten Fach anfangen		
Sport	Sport	Freizeit	Freizeit
Freizeit			
Abendbrot Tagebuch (Stichpunkte)	Abendbrot Tagebuch (Stichpunkte)	Abendbrot Tagebuch (Stichpunkte)	Tagebuch – Wochenfazit Plan gut umgesetzt?
bettfertig	bettfertig	bettfertig	bettfertig
schlafen	schlafen	schlafen	schlafen

Mein Tipp

Plan zum Selbstausfüllen

Wenn Ihnen der Plan gefällt, finden Sie ihn auf meiner Internet-Seite www.kinder-ganz-stark.de als Download zum Selbstausfüllen. Sie können sich aber natürlich auch am PC eine eigene Tabelle erstellen, die Sie immer wieder ausdrucken. Das erleichtert das Eintragen enorm. Am besten hängen Sie den Wochenplan an eine Pinnwand im Kinderzimmer. So hat Ihr Kind seine Termine stets vor Augen. Damit es Spaß macht, den Plan anzuschauen, verschönern Sie ihn doch gemeinsam ein wenig. Wie wäre es mit Aufklebern oder kleinen Zeichnungen?

Und jetzt geht's los

Fragen helfen planen

Unterstützen Sie Ihr Kind anfangs bei der Erstellung des Wochenplans, zum Beispiel mit folgenden Fragen:

- Wann stehst du auf?
- Wann beginnt die Schule?
- Wann werden die Hausaufgaben erledigt?
- Steht morgen etwas Besonderes an (Klassenarbeit, Ausflug, Wettkampf ...)?
- Wann gehst du ins Bett?

Ältere Kinder (ab 10 bis 11 Jahren) sollten zusätzlich üben, ihre Aufgaben nach Prioritäten zu ordnen:

- Was ist morgen das Wichtigste? Und warum? Wie bereitest du dich darauf vor?

Wichtig!

Setzen Sie (realistische) Zeitlimits für die einzelnen Aufgaben. Weil das Kind weiß, dass die Zeit begrenzt ist, konzentriert es sich stärker. Machen Sie außerdem darauf aufmerksam, welche Tätigkeiten besondere Konzentration erfordern und welche weniger. Und sorgen Sie unbedingt für die Ausgewogenheit des Planes. Das heißt, Konzentrationsphasen und Pausen wechseln sich ab. Mit «Pausen» sind hier Tätigkeiten gemeint, die das Kind sehr gerne mag, zum Beispiel: Malen, mit Autos oder Puppen spielen, auf dem Spielplatz toben. Aber Vorsicht: Das bedeutet nicht, ausschließlich vor dem Fernseher zu sitzen.

Planänderungen und Ausnahmen von der Regel

Trotzreaktionen

Natürlich können Sie nicht alle Geschehnisse planen, und der perfekte Alltag lässt sich auch nicht hundertprozentig in ein Schema pressen. Dazu sind Menschen, insbesondere Kinder einfach zu unberechenbar. Ein noch so gut geplanter Tag muss zwangsläufig ins Wasser fallen, wenn das Kind krank wird, sich verletzt oder aus welchen Gründen auch immer trotzig reagiert. Forschen Sie dann stets nach den Ursachen. Warum ist das Kind krank oder warum hat es sich trotzig verhalten? Trotzreaktionen hängen oft mit der Motivation zusammen. Wieso fehlt dem Kind die Motivation in der einen oder anderen Situation? Eine mögliche Erklärung: Eventuell haben Sie selbst die anstehende Tätigkeit als unangenehm und lästig bewertet, und diese Stimmung hat sich auf Ihr Kind übertragen. Kinder sind sehr sensibel und spüren so etwas instinktiv. Ihre Unlust oder Abneigung ist immer eine Reaktion auf eine Beobachtung oder ein Erlebnis. Des Öfteren jedoch interpretieren Kinder Ereignisse nicht realitätsgerecht. Reden Sie als Eltern in solchen Fällen mit dem Kind und erklären Sie ihm, wie die Situation tatsächlich zu bewerten war und wie es sich nun am besten verhalten sollte.

Abweichungen von der Regel

Zum anderen entstehen Probleme häufig durch Ausnahmen von der Regel. Ab und zu kann man natürlich Abweichungen von den gewohnten Ritualen gestatten und sie als Belohnung für gutes Verhalten einsetzen. Doch das wiederholte Außerachtlassen führt automatisch zu Schwierigkeiten. Dies geschieht zum Beispiel im Urlaub ganz leicht, weil dann alles anders ist als zu Hause. Die Eltern sind viel gelöster, wollen entspannen und ihre Kinder glücklich machen. Zweifellos

eine noble Absicht, allerdings geht der Schuss oft nach hinten los. Die Kinder bleiben abends länger auf und albern herum, übermüden sich und machen am kommenden Tag durch Jammern oder gar Weinen geplante Ausflüge zunichte. Oder die Eltern kaufen zu viele Kleinigkeiten und Geschenke. Hier ein Eis, dort ein Spielzeug. Daraus können sich äußerst unangenehme Urlaubssituationen entwickeln. Schnell verlieren die Kinder das Gefühl für die Grenze und verfallen in ein gewisses «Ich-will-Syndrom». Natürlich dürfen Sie Ihrem Kind eine Freude bereiten und ihm auch mehr Sachen kaufen als sonst, doch sollten diese stets eine Belohnung für irgendetwas sein. Etwa dafür, dass es aufgeräumt oder sich beim Frühstück gut benommen hat.

Regeln respektieren

Wird eine Regel über längere Zeit außer Kraft gesetzt, ändert sich dadurch das Verhalten des Kindes. Brechen Sie daher bewährte Regeln nur in Ausnahmefällen oder zur Belohnung.

Die erste Regel lautet: Spaß haben beim Lernen

Eigene Erfahrungen sammeln

Regeln und Rituale sind wichtig, keine Frage. Das heißt aber nicht, dass deshalb der Spaß beim Erledigen der Aufgaben zu kurz kommen muss. Geben Sie Ihrem Kind die Möglichkeit, selbst Erfahrungen zu sammeln und sich auszuprobieren. Sie wissen ja bereits: Alles, was wir mit Emotionen abspeichern, bleibt uns besonders lange in Erinnerung.

Positive Lernerlebnisse schaffen

Wie schaffen Sie nun positive Lernerlebnisse für Ihr Kind? Zunächst einmal geht es nicht darum, Unmengen von Wissen anzuhäufen. Trockene Fakten bleiben vielleicht bis zur Prüfung im Kopf. Danach verschwinden sie aber genauso schnell wieder. Ziel sollte es vielmehr sein, geistige und körperliche Fähigkeiten auszubilden, die sich auch anwenden lassen. Also zum Beispiel eine Fremdsprache zu erlernen und sich in ihr verständigen zu können, statt lediglich Vokabeln zu pauken. Oder anstelle von nackten Geschichtszahlen Zusammenhänge zwischen Personen, Völkern und Zeiträumen zu erkennen. Worin besteht der Unterschied? Ganz einfach: Beim Einsatz des erworbenen Wissens wird das Gelernte vielfältig verknüpft und intensiver verarbeitet. (Sie erinnern sich bestimmt noch an die Synapsen im Gehirn, die auf Informationen angewiesen sind, um nicht zu verkümmern?) Je stärker der Lernstoff vernetzt wird, desto besser merken wir ihn uns.

Lernen durch Mitdenken und Ausprobieren

Ein Kind kann nur dann erfolgreich lernen, wenn es sich selbst aktiv in den Lernprozess mit einbringt. Lauscht es hingegen passiv seinem Lehrer, wird der zu erwartende Lernerfolg nicht allzu groß sein. Aus diesem Grund stellen gute Lehrer oder Trainer den Kindern Fragen. Das regt zum Mitdenken und Mitmachen an. Wichtig ist, dass das Erlernte nicht bloß gewusst, sondern auch verstanden wird. Im Idealfall nähert man sich Schritt für Schritt der Lösung. Experimente eignen sich dafür hervorragend, weil das Ergebnis selbständig erarbeitet werden muss. Die Aufgabe auf den nächsten Seiten ist ein ausgezeichnetes Beispiel. Vielleicht wagen Sie sich sogar selbst einmal daran?

Ü2 Geometrische Formen selbst entdecken

Altersempfehlung:
ab 8 Jahren

Utensilien:
kariertes Papier, Kinderschere, Kleber, Bleistift, Lineal, Zirkel, Radiergummi

Das Kind soll mit Hilfe des zur Verfügung gestellten Anschauungs- und Bastelmaterials Antworten auf folgende Fragen finden:

Wie sieht ein Würfel aus?
Wie viele Seiten hat ein Würfel?
Kann ein Würfel einen anderen Gegenstand, eine weitere Form in sich verbergen?

So sehen die fertigen Figuren aus:

Aufgabe

Baue die drei Würfel von der letzten Seite aus Papier nach. Nimm dazu die hier gezeigten Figuren zu Hilfe. Wie kannst du die Quadrate noch anordnen, um einen Würfel entstehen zu lassen?

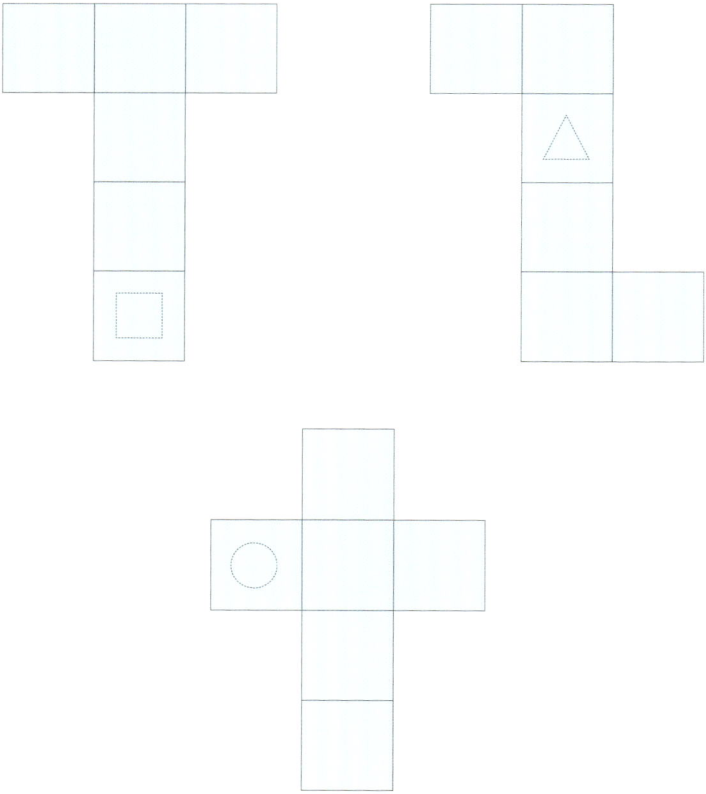

Bastle nun mit Hilfe der unteren Figuren die restlichen Formen von Seite 37 nach. Versuche die Größe der Formen so zu gestalten, dass sie in deine fertigen Würfel passen.

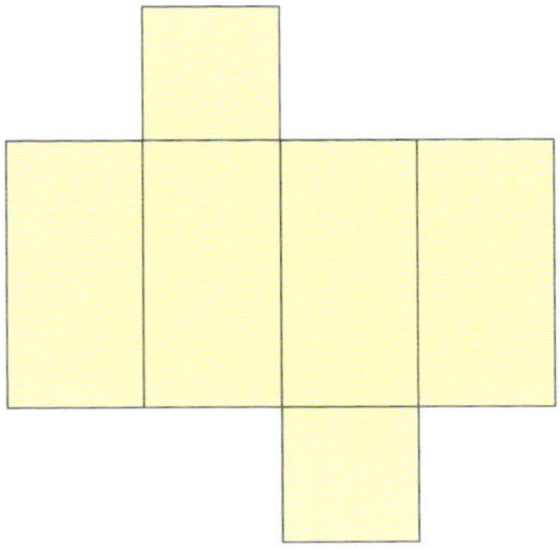

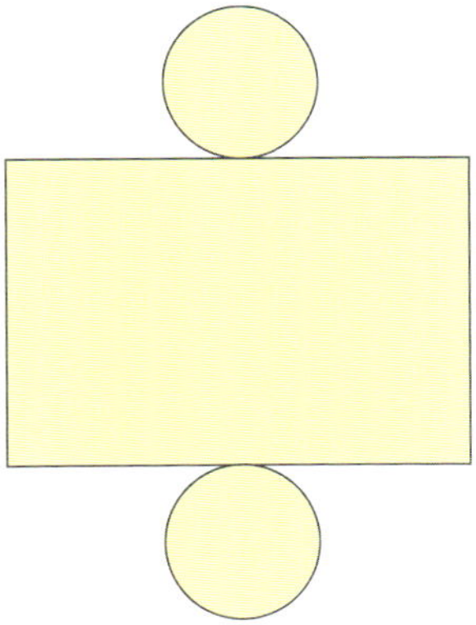

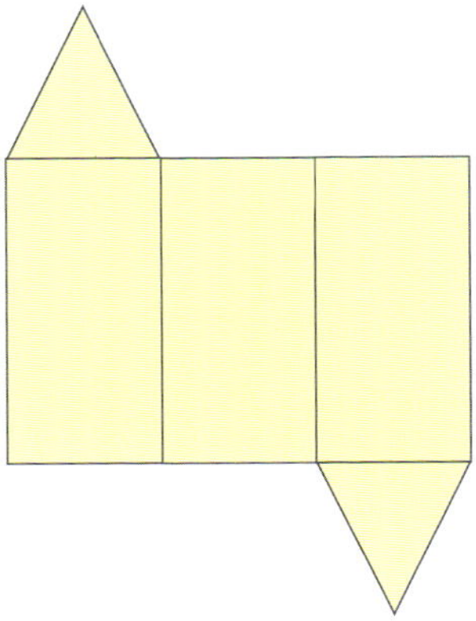

Um die Aufgabe erfolgreich lösen zu können, muss sich das Kind verschiedene Fragen stellen und beantworten:

- Wie viele Kästchen groß zeichne ich eine Würfelseite auf dem karierten Papier?
- Brauche ich noch extra Klebefläche, um den Würfel zusammenkleben zu können? Wenn ja, wie viele weitere Kästchen vom karierten Papier muss ich dafür einrechnen?
- Ist es egal, auf welcher Seite des Würfels die Aussparung für die Zusatzfiguren ausgeschnitten wird?
- Wie viele Kästchen darf der Ausschnitt in Anspruch nehmen?
- Wie viele Kästchen lang und wie viele Kästchen breit dürfen die Zusatzfiguren sein, damit sie genau in den Würfel hineinpassen?

Viel Spaß beim Knobeln!

Auflösung

Anmerkung: Bei gestrichelten Linien ist etwas auszuschneiden. Klebeflächen sind grün markiert.

Figur 1: Würfel mit viereckiger Öffnung

Figur 2: Würfel mit runder Öffnung

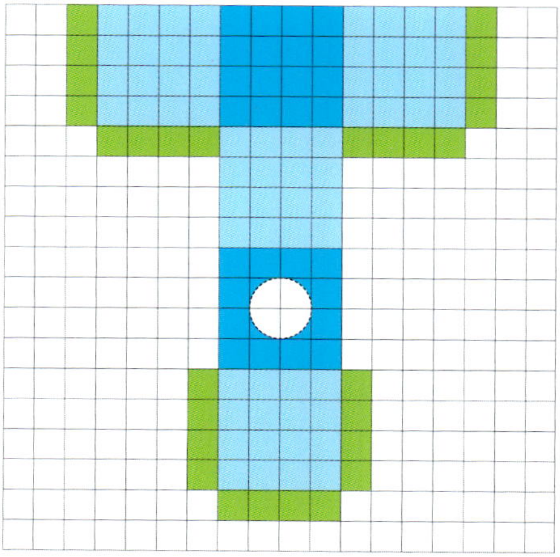

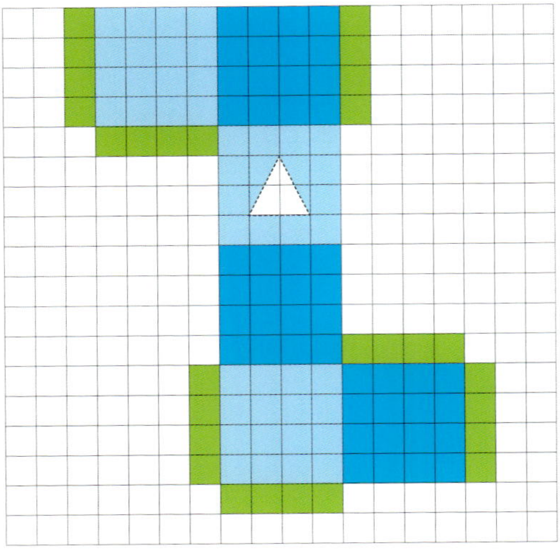

Figur 3: Würfel mit dreieckiger Öffnung

Figur 4: kleiner Quader

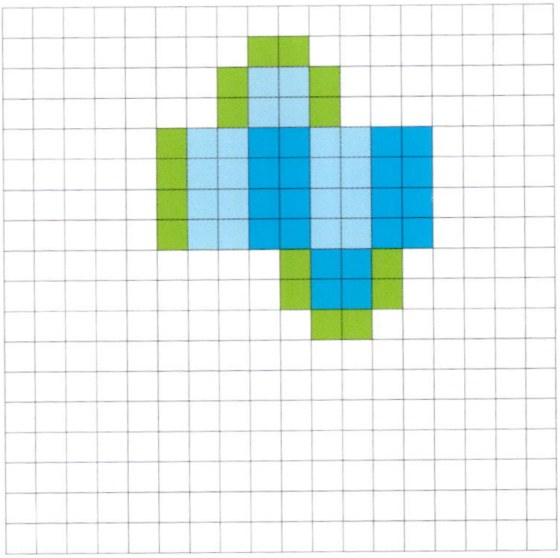

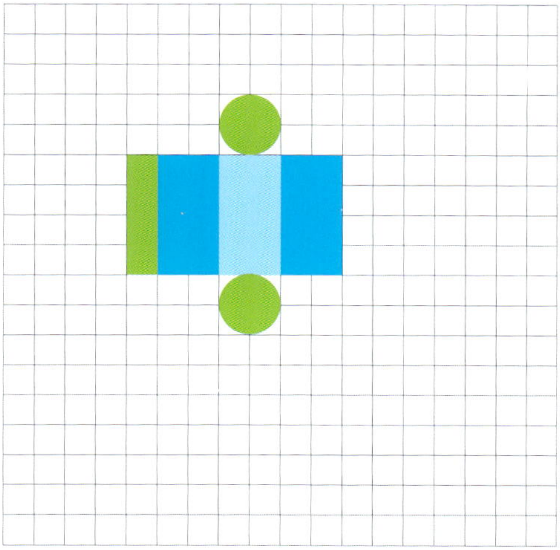

Figur 5:
kleiner Zylinder

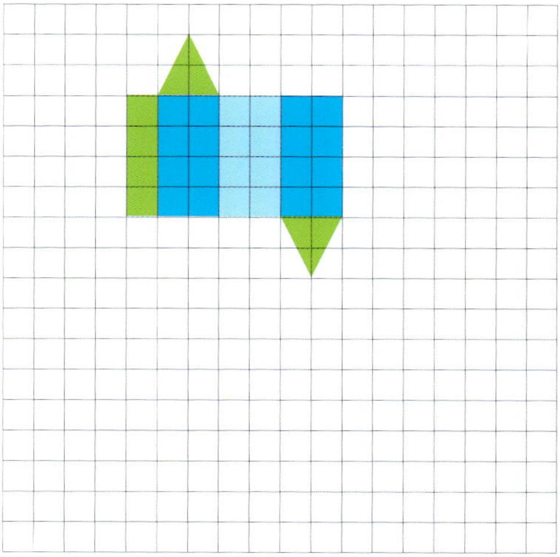

Figur 6:
kleine Dreieckssäule

Wissen greifbar machen

Für optimale Lernerfolge eignen sich Kinder das Wissen selbständig an. Die nötige Motivation kommt durch das Ausprobieren von ganz allein. Beim Basteln entwickelt das Kind Lösungswege und schult dadurch das strategische Denken. Und weil es die Form zunächst gesehen, dann gebaut und anschließend in der Hand gehalten hat, prägen sich die Lerninhalte dauerhaft ein.

Anschaulich erklärt – im Gedächtnis verankert

Lernmittel kombinieren

Oft können wir dem gesprochenen Wort allein kaum folgen, aber mit einem Bild, einer Grafik oder einem Film wird alles eindeutig. Setzen Sie darum auf eine Kombination verschiedener Lernmittel. Und vergessen Sie auch nicht, dass Kinder Individuen sind, die unterschiedlich auf die angebotenen Materialien reagieren. Am besten ist es, wenn die Kinder während des Lernens so viele Sinne wie möglich benutzen, um die Inhalte schneller und gründlicher zu erfassen.

Mit Beispielen arbeiten

Ein Beispiel: Ihr Kind möchte wissen, was das Wort «Rarität» bedeutet. Sie antworten ganz schnell und sagen: «Es bedeutet ‹Seltenheit›». Ob sich Ihr Kind allerdings damit zufriedengibt und jetzt verstanden hat, was eine «Rarität» ist, bleibt fraglich. Ein Wort mit einem anderen zu erklären, bringt wenig. Erläutern Sie Ihrem Kind aber, dass die alte Kette, die

Sie von Oma geerbt haben, etwas Seltenes und daher eine Rarität darstellt, wird Ihr Kind Sie gleich besser verstehen. Oder Sie verdeutlichen den Begriff, indem Sie an den letzten Museumsbesuch erinnern. Dort haben Sie gemeinsam alte Krüge aus der Römerzeit bestaunt. Diese befinden sich im Museum, weil sie selten («rar») und deswegen wertvoll sind.

Unterschiedliche Erwartungen

Probleme bei der Kindererziehung

Probleme bei der Kindererziehung resultieren häufig daraus, dass wir den Nachwuchs mit gut gemeinten Ratschlägen überschütten. «Als ich in deinem Alter war ...», hören Sie jetzt vielleicht Ihre Eltern sagen. Machen Sie nicht den gleichen Fehler. Kinder brauchen die Chance, selbst Erfahrungen zu sammeln.

Nicht selten übertragen wir Erwachsenen auch unsere eigenen Erwartungen auf unsere Kinder. Wir rechnen mit einem Verhalten, wie wir es selbst in der betreffenden Situation an den Tag legen würden. Das kann jedoch nicht funktionieren, weil Kinder die Welt aus ihrem Erfahrungshorizont heraus ganz anders wahrnehmen. Sie denken und handeln nicht wie Erwachsene. Vielmehr lassen sich Kinder oft von Impulsen leiten. Wenn der Freund oder die Freundin anruft und zur nächten Party einlädt, ist der Tagesplan schnell vergessen. Gedanken an Konsequenzen spielen dann unter Umständen keine Rolle mehr. Versuchen Sie in solchen Momenten, die Perspektive des Kindes einzunehmen. Warum tut es das, was es tut? Reagieren Sie verständnisvoll, aber zugleich konsequent. Wird eine Abmachung nicht eingehalten, müssen entsprechende Sanktionen folgen.

«Kinder brauchen die Chance, selbst Erfahrungen zu sammeln»

Überzeugungsarbeit leisten

Wie machen Sie Kindern klar, dass bestimmte Verhaltensweisen sinnvoll sind und andere nicht? Ganz einfach: Überzeugen Sie sie davon. Wenn Kinder Spaß an einer bestimmten Aufgabe haben, werden sie alles daransetzen, diese zu lösen und erneut ähnliche Aufgaben gestellt zu bekommen. Haben sie zum Beispiel einmal begriffen, dass sie mit einer gewissen Disziplin während des Sportunterrichts besser und länger spielen können, dann werden sie sich in Zukunft diesem gewünschten Verhalten annähern. Auf diese Weise lernen Kinder altersgerecht, Verantwortung für ihr Handeln zu übernehmen.

Sagen Sie es positiv

Formulierungen sensibel wählen

Im Umgang mit Kindern sollten Sie sehr sensibel bei der Wahl Ihrer Formulierungen sein. Dem menschlichen Gehirn fällt es mitunter schwer, das kleine Wörtchen «nicht» zu verstehen. Vermeiden Sie daher Warnungen wie «Spiel nicht auf der Straße» oder «Geh nicht zum Fluss». Bei dieser Art von Aussage erscheint im Kindergehirn sofort ein Bild der Straße oder des gefährlichen Gewässers. Dieses bleibt haften und entwickelt eine magnetische Anziehungskraft. Eltern wundern sich oft, warum ihre Kinder das Verbotene tun. Vielleicht, weil die Eltern sie erst auf diese Idee gebracht haben …

Mein Tipp

Knapp und direkt

Nutzen Sie einfache Anweisungen wie «Bleib auf dem Spielplatz» oder «Achte auf die Autos». Die Formulierung sollte stets positiv sein. Bilden Sie möglichst kurze, leicht verständliche Sätze.

Das Wort «falsch» vermeiden

Wenn Sie das Kind korrigieren, verwenden Sie das Wort «falsch» nur in den seltensten Fällen. Kinder machen nicht absichtlich Fehler, sie können und wissen es nicht besser. Daher sollten Sie als Eltern das Kind geschickt motivieren, zum Beispiel so: «Es freut mich, dass du Spaß an dieser Aufgabe hast. Wie bist du auf die Idee gekommen, diesen Lösungsweg zu wählen? Meinst du nicht, es wäre besser, wenn du es auf eine andere Art probierst? Schau, ich zeige es dir.»

Kinder mit Respekt behandeln

Setzen Sie sich zum Ziel, für Ihr Kind da zu sein. Behandeln Sie es mit Respekt, indem Sie auf gleicher Augenhöhe mit ihm sprechen und aufmerksam zuhören, was es zu sagen hat. Helfen Sie Ihrem Kind, sich selbst zu helfen. Sie sollten die Balance zwischen einem demokratischen und einem autoritären Führungsstil finden.

Sinnvolle Freizeitgestaltung

Erfahrungen, die prägen

Alle Erfahrungen, die wir als Kind sammeln, prägen uns und beeinflussen unsere Entwicklung. Das fängt schon bei den grundlegenden Fertigkeiten an: Tasten, Greifen, Krabbeln, Sprechen lernen – all dies geschieht im Umfeld der Familie.

Ohne die Eltern, ohne Sie läuft gar nichts. Sie müssen sich intensiv mit Ihrem Kind beschäftigen.

«Beschäftigen Sie sich intensiv mit Ihrem Kind»

Das können Sie tun, um Ihrem Kind im Alltag Halt zu geben: Achten Sie zu Hause auf eine feste Ordnung. Ein Kind aus einer chaotischen Umgebung ist nicht in der Lage, sich zu organisieren. Fernsehen oder Videospiele sind dann wichtiger, und für Hausaufgaben fehlt die Zeit. Mit Hilfe des vorgestellten Wochenplans schaffen Sie hier leicht Abhilfe, indem Sie Pausen und Konzentrationsphasen stets gemeinsam festlegen. Und kontrollieren Sie auf jeden Fall, ob sich Ihr Kind auch an die Absprachen hält.

Gemeinsame Spiele

Viel besser, als Ihren Nachwuchs vor TV-Gerät oder PC zu «parken», ist es jedoch, wenn Sie gemeinsam Spiele spielen, die das Denkvermögen anregen und fördern, wie etwa Memory oder Vier gewinnt. Soll sich das Kind allein beschäftigen, bieten Sie ihm Kindersudoku, Leseaufgaben und Rechenspiele an. Oder vielleicht hat es Lust, sich eine Geschichte auszudenken?

Motorische Fähigkeiten

Sorgen Sie zugleich dafür, dass sich die motorischen Fähigkeiten Ihres Kindes optimal entwickeln können. Das heißt, Sie sollten ihm in jeder Altersstufe entsprechende Möglichkeiten zum Training von Koordination und Beweglichkeit zur Verfügung stellen. Also zum Beispiel einen Ball im Babyalter, mit dem es Werfen und Fangen lernt und auf diese Weise spielerisch sein Ballgefühl ausbildet. Wenn das Kind älter wird, folgen dann Dreirad, Roller und Fahrrad. Und bitte achten Sie darauf, dass die Benutzung gefahrlos abläuft. Wegen des starken Verkehrs in den Städten sowie sonstiger Verletzungsgefahren sollten Sie Ihr Kind mit den genannten Fortbewegungsmitteln nicht unbeaufsichtigt lassen.

Mein Tipp

Geschenke wohlüberlegt auswählen

Weihnachten oder der Geburtstag Ihres Kindes stehen vor der Tür, und Sie möchten etwas Sinnvolles schenken? Scheinbare Kleinigkeiten wie Stifte, ein Malblock oder Bastelsachen zählen zu den wertvollsten Präsenten auf dem Gabentisch. Nicht etwa, weil sie besonders teuer wären. Nein, aber mit ihnen kann sich das Kind kreativ betätigen. So nutzt es seine Fantasie und trainiert gleichzeitig die Feinmotorik der kleinen Hände.

Ihr Kind weiß mit dem neuen Tuschkasten nichts anzufangen? Setzen Sie sich dazu und zeigen Sie ihm, wie viel Spaß es macht, fröhlich drauflos zu klecksen! Hilfreich sind außerdem Anregungen, was das Kind malen könnte – das Tigerbaby aus dem Zoo vielleicht oder die tolle Rutsche aus dem letzten Urlaub? Ihnen fällt bestimmt etwas ein!

Äußere Einflüsse bewusst lenken

Verantwortung übernehmen

Auch wenn mit der Zeit fremde Einflüsse zunehmen – Sie als Eltern tragen einen Großteil der Verantwortung dafür, zu welchem Menschen Ihr Kind heranwächst. Deshalb denken Sie in aller Ruhe über folgende Fragen nach und ändern Sie etwas, wo Sie es angebracht finden:

- Welchen Kindergarten besucht mein Kind?
- Auf welche Schule geht es?
- Wer sind die Freunde meines Kindes?
- Welchen Einfluss üben sie aus?
- An welchen außerschulischen Aktivitäten (Sport, Musik usw.) soll das Kind teilnehmen?
- In welchem Alter und auf welchem Niveau?
- Bei wem soll es diese Fähigkeiten erlernen?

Das sind gewichtige Entscheidungen, die Ihnen niemand abnehmen kann. Informieren Sie sich so umfassend wie möglich – das Wohl Ihres Kindes sollte es Ihnen wert sein. Fragen Sie beispielsweise Freunde und gute Bekannte, die eigene Kinder haben, ob Sie Ihnen einen Kindergarten oder eine bestimmte Schule empfehlen würden. Und besuchen Sie die Einrichtungen persönlich, bevor Sie Ihr Kind dort anmelden. Ihr Kind verbringt viel Zeit mit seinen Freunden? Prima, dann laden Sie doch alle zu sich nach Hause ein und lernen Sie sich kennen. Möchten Sie Ihr Kind mit Musikunterricht oder Sport im Verein fördern, hören Sie sich in der Schule um, ob es Kooperationen mit bestimmten Musikschulen oder Verbänden gibt. Sprechen Sie anschließend mit Musiklehrerin oder Trainer darüber, was Sie erwarten. Erkundigen Sie sich genau nach den Methoden, die eingesetzt werden, und den Anforderungen der einzelnen Gruppen.

Gut informieren

Wenn Sie diese Hinweise berücksichtigen, können Sie gewiss sein, dass Ihr Kind auch außerhalb der heimischen vier Wände gut aufgehoben ist. Und falls tatsächlich einmal Probleme auftreten sollten, haben Sie überall einen Ansprechpartner, mit dem Sie bereits bekannt sind.

Das Wichtigste auf einen Blick

Zusammenfassung

- Regeln geben Sicherheit
- Ohne Konsequenz keine Erziehung
- Seien Sie Vorbild und tun Sie selbst, was Sie von Ihrem Kind verlangen
- Erstellen Sie einen Wochenplan
- Ausnahmen sollten Ausnahmen bleiben
- Mit Spaß lernen heißt fürs Leben lernen
- Fragen und Experimente motivieren
- Lassen Sie Ihr Kind eigene Erfahrungen machen
- Verwenden Sie positive Formulierungen
- Freizeit kann viel mehr sein als nur Computerspielen
- Nehmen Sie das Umfeld Ihres Kindes wahr

3 Ihr Kind hat Bedürfnisse – zum Glück!

- Bauch voll, alles toll?
- Liebe und Zugehörigkeit
- Selbstverwirklichung

Bauch voll, alles toll?

Was macht uns zufrieden?

Wir alle müssen essen, trinken und schlafen. So viel steht fest. Aber macht uns das zufrieden? Sind wir glücklich, sobald der Bauch nur voll genug und das Bett kuschelig weich ist? Nein, ganz sicher nicht. Wir stellen weitaus höhere Ansprüche an ein erfülltes Leben. Anerkennung, Liebe, Zuneigung, Gerechtigkeit – nur einige Beispiele dafür, wonach wir uns jenseits unserer Grundbedürfnisse sehnen. Der bekannte amerikanische Psychologe Abraham Maslow fasst die Erwartungen an ein menschenwürdiges Dasein in fünf Kategorien zusammen:

1. Physiologische Bedürfnisse
2. Sicherheitsbedürfnisse
3. Liebes- und Zugehörigkeitsbedürfnisse
4. Wertschätzungsbedürfnisse
5. Selbstverwirklichungsbedürfnisse

Kinder haben besondere Bedürfnisse

Ich habe die Kategorien leicht abgewandelt und auf die kindlichen Bedürfnisse übertragen. Denn obwohl Kinder uns Erwachsenen in vielerlei Hinsicht ähnlich sind, gelten für sie im Detail andere Notwendigkeiten. Dieses Kapitel sagt Ihnen, was sich hinter den einzelnen Bedürfnissen verbirgt. So können Sie Ihr Kind in Zukunft noch besser unterstützen, ein ausgeglichenes und erfolgreiches Leben zu führen.

1. Körperliche Bedürfnisse

Grundlegende Bedürfnisse stillen

Damit sich Ihr Kind körperlich rundum wohlfühlt, achten Sie zunächst einmal darauf, dass es all seine grundlegenden Bedürfnisse in ausreichendem Maße stillen kann. Das mag vielleicht banal klingen, doch wie oft haben Sie selbst Kopfschmerzen, weil Sie zu wenig geschlafen haben? Fühlen sich lustlos oder schlapp, weil Vitamine fehlen? An solchen Tagen fällt es schwer, Leistung zu bringen, denn der Körper rebelliert und fordert sein Recht. Bekommt unser Organismus dagegen alles, was er braucht, strotzen wir vor guter Laune, sind vital und voller Lebenskraft. Die beste Voraussetzung also auch für Ihr Kind, in Schule, Sport und Freizeit zu zeigen, was wirklich in ihm steckt.

Tief durchatmen

Toben und Spielen im Freien

Unternehmen Sie mit Ihrem Kind häufig Ausflüge an der frischen Luft. Lassen Sie es im Freien spielen und sportlichen Aktivitäten nachgehen. Dadurch werden die Organe mit Sauerstoff versorgt und die Muskulatur entwickelt sich. Abhängig von der Wohngegend lässt die Luftqualität vielerorts sehr zu wünschen übrig. In Großstädten, an stark befahrenen Straßen oder in Industriegebieten rufen Smog und Abgase nicht selten gesundheitliche Schäden hervor. Bei massiven Belastungen hilft manchmal nur ein Umzug.

Trinken

Wasser ist das wichtigste Lebensmittel. Es kann durch nichts ersetzt werden. Im Körper dient es als Energieträger und Transportmittel für Sauerstoff, Nährstoffe und Stoffwechselprodukte.

Klares Wasser statt süßer Softdrinks

Zugleich reguliert es unseren Wärmehaushalt, wenn wir schwitzen. Geben Sie frischem, klarem Wasser den Vorzug gegenüber zuckerhaltigen Softdrinks, Säften oder Milchmischgetränken. Wie viel sollte Ihr Kind trinken? Experten empfehlen für Kinder bis zwölf Jahre eine Flüssigkeitszufuhr zwischen 0,8 und einem Liter täglich.

Essen

Kindgerechte Portionen

Kinder nehmen viel weniger Nahrung zu sich als Erwachsene. Überfordern Sie deshalb nicht durch zu große Portionen, sondern servieren Sie das Essen für Ihr Kind auf einem kleineren Teller. Spezielles Kindergeschirr, das nach dem Leeressen mit lustigen Motiven belohnt, steigert die Vorfreude und animiert zum Aufessen.

Falls Ihr Kind mittags oder abends keinen Hunger hat, kann das daran liegen, dass es zwischen den Mahlzeiten zu viel Süßes nascht. Bieten Sie ihm Obst oder Gemüse als Alternative an. Originell hergerichtet, können Sie damit auch die skeptischsten Dreikäsehochs locken. Wie wäre es zum Beispiel mit Weintrauben-Bananen-Schiffchen oder Radieschen in Rosenform? Schokolade, Bonbons oder Kuchen sollten Sie hingegen eher nach dem Essen reichen. Dann ist das Kind schon satt und wird lediglich geringe Mengen davon zu sich nehmen. Mit dieser Strategie umgehen Sie strikte Verbote, die die Gier nach Süßem oft noch schüren.

«Bieten Sie Obst und Gemüse als Alternative zu Süßem an»

Clever essen stärkt die Konzentration

Unterstützen Sie die körperliche und geistige Leistungsfähigkeit Ihres Kindes wirkungsvoll durch eine ausgewogene Ernährung mit Mineralstoffen und Vitaminen.

Ein paar Anregungen

Täglich:

- jodiertes Speisesalz mit Fluor
- Vollkornprodukte, Nüsse oder Sprossen (B-Vitamine)
- Joghurt und Milch (Eiweiß-Bausteine)
- Äpfel, Bananen, Mandeln, Avocados, Kirschen, rote Rüben oder Spinat (Magnesium)
- einen Teelöffel Weizen- oder Maiskeimöl (reich an Linolsäure)
- einen bis zwei Esslöffel Lecithin-Granulat in Milch auflösen (Inositol, wichtig für Nerven und Gedächtnis)

Zwei- bis dreimal pro Woche:

- Weizenkeime, Bierhefe, Haferflocken, Brokkoli und Erdnüsse (Pantothensäure)
- Hirse, Hafer, Gerste, Amarant oder Quinoa (Kieselsäure)
- mageres Hühnerfleisch, mageren Schinken, Ei, Fisch, Leber, Vollkornprodukte, Pilze, Hülsenfrüchte, grünes Blattgemüse, Pflaumensaft (Eisen)

Ernährung für Wettkampftage

Bei sportlichen Belastungen benötigt der Körper viel Energie. Nur die richtige Ernährung gibt Kindern Kraft und füllt ihre Nährstoff-Reserven auf. Doch was genau sollte Ihr Kind vor und nach dem Turnier zu sich nehmen? Hierzu habe ich für Sie einen praktischen Plan für den Wettkampftag zusammengestellt. Mit ihm hat Ihr Kind jederzeit die erforderliche Power, um beste Leistungen zu erbringen. Probieren Sie den Plan ruhig über mehrere Wettkämpfe aus. Vielleicht benötigt Ihr Kind ein wenig Zeit, bis es sich daran gewöhnt. Aber weil es sich fitter fühlt, wird es ihn schon bald als festen Bestandteil von Turniertagen akzeptieren.

Morgens

Der Körper braucht: Carnitin

Wirkung: Es hilft bei der schnellen Bereitstellung von Energie und verzögert die Laktatbildung. Der Körper übersäuert nicht so leicht.
Enthalten in: Äpfeln, Birnen, Pfirsichen, Avocados.
Rezeptvorschlag: Die Früchte klein hacken und mit einem Becher fettarmem Joghurt, einer halben Tasse Milch, 2 EL Haferflocken, 2 EL Hirseflocken und 1 TL Honig mischen. Nach Belieben 10 bis 20 g Hasel-, Erd-, Paranüsse, Kokosraspeln oder Pistazien hinzufügen.

Zwischendurch

Der Körper braucht: Selen

Wirkung: Es schützt vor UV-Strahlung und verzögert damit das Entstehen von Sonnenbrand. Bei Sport im Freien trotzdem die Sonnencreme nicht vergessen.
Enthalten in: Nüssen, Weizenkleie, Joghurt.

Rezeptvorschlag: 10 g Haselnüsse, 10 g Pistazien sowie 20 g Weizenkleie zerhacken und mit 2 EL Haferflocken und 150 g Joghurt mischen. Nach Bedarf einen TL Honig oder Zitronensaft unterrühren.

Der Körper braucht: Vitamin B

Vor dem Wettkampf

Wirkung: Es regt den Stoffwechsel an und stärkt die Nervenzellen.
Enthalten in: Weizenkeimen, Amaranth, Hülsenfrüchten (Vitamin B1); Bananen, Haferflocken, Avocados, Walnüssen (Vitamin B6); Sesam, Sanddorn, Sonnenblumenkernen (Vitamin B12).
Rezeptvorschlag: Eine Banane, 2 EL Haferflocken, 10 g Sesam und 10 g Sonnenblumenkerne klein hacken und mischen. Wahlweise einen Becher Joghurt, 150 ml Kefir oder 100 ml Sanddornsaft hinzugeben.

Der Körper braucht: Flüssigkeit

Beim Wettkampf

Während des Sports sollte Ihr Kind viel Flüssigkeit zu sich nehmen. Geeignet sind vor allem isotonische Getränke und Fruchtschorlen (z. B. Apfelsaftschorle). Das Mineralwasser liefert hauptsächlich Natrium, Chlorid und Calcium, während sich Fruchtsäfte durch einen hohen Kalium- und Magnesiumgehalt auszeichnen. Im Wettkampf braucht der Körper schnell Energie. Der Magen darf nicht mit Verdauungsprozessen belastet werden. Riegel oder Obst jetzt also unbedingt vermeiden. Lassen Sie Ihr Kind Energieträger zuführen, die nicht länger als 30 Minuten im Magen verbleiben. Hier bieten sich jeweils kleine Mengen Traubenzucker, Fruchtzucker oder Honig an.

Abends

Der Körper braucht: Eiweiß, Eisen und Antioxidantien

Wirkung: Eiweiß füllt die Energiereserven auf, Eisen entgiftet und entsäuert den Körper und Antioxidantien schützen die Zellen vor freien Radikalen.
Enthalten in: Fleisch, Fisch, Kartoffeln, Eiern, Käse (Eiweiß); grünem Gemüse (Eisen); Haferflocken, Buchweizen, Weizenkleie, Pflaumen, Kirschen, Johannisbeeren, Sonnenblumenkernen (Antioxidantien).
Rezeptvorschläge: Gebratenes Putenbrustfilet mit Kartoffeln und grünen Bohnen oder Brokkoli.
60 ml Johannisbeersaft, 80 ml Orangensaft, 2 TL Kokossirup mit 20 ml Kirschsaft mischen.
100 g Kefir, 100 ml Karottensaft, 100 g Vollkorngetreide zusammenrühren, dazu 1 EL kaltgepresstes Öl geben und mit Salz und Pfeffer abschmecken.

Für die Nacht

Der Körper braucht: Zink und Vitamin B12

Wirkung: Beide Mineralstoffe unterstützen die Regeneration des Körpers im Schlaf.
Enthalten in: Karotten, Melonen, Mangos.
Rezeptvorschlag: Eine Karotte, 1/8 von einer Honigmelone und eine Mango klein hacken. Zusammen mit 1 EL Sonnenblumenkernen in 100 ml Kefir einrühren.

Bewegung

Mangelnde Bewegung macht krank

Viel zu oft steht die passive, medienorientierte Freizeitgestaltung an erster Stelle: Fernsehen und Computerspiele ersetzen aktives Spielen. Studien zufolge leiden bereits rund 40 Prozent der Schulkinder unter Haltungsschäden. Sie haben Probleme, auf einem Bein zu hüpfen, rückwärtszugehen oder bei gestreckten Beinen mit den Händen den Boden zu berühren. Ein schwacher Bewegungsapparat gefährdet ernsthaft die Gesundheit: Übergewicht, Rückenschmerzen oder Herz-, Kreislauf- und Stoffwechselerkrankungen werden häufig auf mangelnde Bewegung zurückgeführt. Auch Unfälle, die aus Ungeschicklichkeit passieren, sind leider keine Seltenheit. Dem gilt es vorzubeugen.

Kinder wollen von Natur aus springen, laufen und herumtollen nach Herzenslust. Also raus in den Garten, auf den Spielplatz, in den Wald oder zum Sportverein. Gerade im Wachstum braucht Ihr Kind vielfältige körperliche Reize. Nur wenn es seinen Bewegungsdrang auslebt, können sich Organe, Muskeln, Skelett und Nervensystem optimal entwickeln. Außerdem schult das Toben die motorischen Fähigkeiten: Ihr Kind trainiert spielerisch Kraft, Geschicklichkeit, Beweglichkeit und Ausdauer. Und auch Gleichgewicht und Reaktionsfähigkeit profitieren von regelmäßiger körperlicher Betätigung.

«Gerade im Wachstum braucht ein Kind vielfältige körperliche Reize»

Schlaf

Schlaf fördert die Motivation

Das beste Mittel für eine dauerhaft hohe Motivation ist Erholung in Form von genügend Schlaf. Wenn sich Ihr Kind ausgeruht fühlt, kann es Probleme deutlich souveräner angehen und leichter Lösungen finden. Es hat insgesamt mehr

«Achten Sie auf ein Gleichgewicht zwischen Belastung und Erholung»

Energie und sprüht vor Tatendrang. Übermüdete Kinder hingegen klagen über Kopf- oder Bauchschmerzen und werden quengelig. Bei einem fortwährenden Ungleichgewicht zwischen Belastung und Erholung zeigen sie oft Verhaltensauffälligkeiten: Die Kinder kratzen, beißen, schreien oder ziehen sich gänzlich in sich zurück. Um dies zu verhindern, achten Sie darauf, dass Ihr Kind den nötigen Schlaf bekommt. Warum ist das so wichtig? In der nächtlichen Erholungsphase wächst der Körper und neue Lerninhalte werden gefestigt. Das Unterbewusstsein verarbeitet in dieser Zeit sämtliche Erfahrungen und Erlebnisse, die Ihr Kind tagsüber gesammelt hat.

Mein Tipp

Was tun bei Schlafstörungen?

Falls Ihr Kind Schwierigkeiten beim Ein- oder Durchschlafen hat, überprüfen Sie, ob im Kinderzimmer alle Voraussetzungen für eine erholsame Nachtruhe erfüllt sind:

- Schlafumgebung (Raumtemperatur etwa 18°C, dunkel, leise, frische Luft)
- Matratze (nicht zu weich oder zu hart, ans Gewicht des Kindes angepasst)
- Lattenrost mit flexibler Federung (stabilisiert die Wirbelsäule)
- Bettwäsche (geruchsarmes Waschmittel verwenden)
- Bettdecke (fällt bei zu glattem Material aus dem Bett, Dicke der Jahreszeit entsprechend)
- Rituale (Schlafanzug, Zähne putzen, Geschichte vorlesen ...)
- Einschlafhilfen (Lieblingsplüschtier, Wärmflasche ...)
- angenehmer Raumduft (Lavendel-Säckchen mit beruhigender Wirkung)
- zwei Stunden vor dem Schlafengehen keine großen Mahlzeiten mehr
- Stress und Streit am Abend vermeiden

Gern können Sie der Liste eigene Punkte hinzufügen, die für den tiefen Schlaf Ihres Kindes unverzichtbar sind:

Ü3 Ausgeschlafen durchstarten mit dem Schlafprotokoll

Kindern fällt es schwer, sich und ihre Kräfte realistisch einzuschätzen. Wer kennt nicht den Satz: «Ich bin aber überhaupt nicht müde ...» Mit Hilfe des Schlafprotokolls finden Sie heraus, wie viele Stunden Schlaf Ihr Kind wirklich braucht. Und wann ist die beste Zeit, es ins Bett zu bringen?

Altersempfehlung

Abhängig von seinem Entwicklungsstand kann Ihr Kind schon ab dem 10. Lebensjahr ein Schlafprotokoll erstellen. Das erfordert jedoch eine frühe Sensibilisierung für das Thema «Selbstbeobachtung». Machen Sie es Ihrem Kind so einfach wie möglich, indem Sie morgens und abends die untenstehende Tabelle gemeinsam ausfüllen. Erklären Sie Ihrem Kind, wie wichtig Schlaf für seine Erholung ist, worauf es dabei ankommt und was dokumentiert werden soll.

Mit der Zeit entwickelt Ihr Kind so die Fähigkeit, seine Stimmungslage zu analysieren. Und es versteht, dass es durch ausreichend Schlaf das eigene Wohlbefinden positiv beeinflusst.

Spätestens mit 12 Jahren wird Ihr Kind in der Lage sein, selbständig ein Schlafprotokoll zu führen.

Kalenderwoche: ....

Abendprotokoll

Wann bin ich ins Bett gegangen? (Uhrzeit)	
Wie müde bin ich jetzt?	überhaupt nicht müde / ein bisschen müde / ziemlich müde / sehr müde
Wie ist meine Stimmung jetzt?	sehr gut / gut / geht so / schlecht
Wann habe ich das Licht ausgemacht? (Uhrzeit)	

Morgenprotokoll

Wann bin ich aufgewacht? (Uhrzeit)	
Wann bin ich endgültig aufgestanden? (Uhrzeit)	
Wie lange hat es ungefähr gedauert, bis ich gestern eingeschlafen bin? (Minuten)	
Wie oft war ich nachts wach? (ca. Anzahl) Und wie lange insgesamt?	
Wie müde bin ich jetzt?	überhaupt nicht müde / ein bisschen müde / ziemlich müde / sehr müde
Wie ist meine Stimmung jetzt?	sehr gut / gut / geht so / schlecht

Mo	Di	Mi	Do	Fr	Sa	So

Kalenderwoche: ....

Schlafbeurteilung

Wie lange habe ich insgesamt geschlafen? (Stunden, Minuten)

Habe ich gut oder weniger gut geschlafen? sehr gut | gut | geht so | schlecht

Was hat meinen Schlaf beeinflusst (positiv oder negativ): bestimmtes Essen/Trinken, Erlebnis beim Training oder in der Schule, Traum, Raumtemperatur usw.?

Wochenfazit

Was hat meinen Schlaf verstärkt beeinflusst (positiv oder negativ)?

Worauf möchte ich in der kommenden Woche achten?

Was war besonders gut?

Wie oft war ich nachts wach? (ca. Anzahl) Und wie lange insgesamt?

Was könnte ich besser machen?

Mo	Di	Mi	Do	Fr	Sa	So

Wichtig

Vermeiden Sie das Führen des Schlafprotokolls während der Urlaubszeit oder in den Ferien. Solche Erholungsphasen verzerren das Ergebnis, da in dieser Zeit die Tagesabläufe etwas anders sind als sonst.

Für ein aussagekräftiges Resultat lassen Sie Ihr Kind drei Wochen lang seinen Schlaf dokumentieren. Am Ende jeder Woche wird ein Wochenfazit gezogen. Daraus können Sie Anregungen für die kommenden Wochen ableiten. Anschließend kennt Ihr Kind seine Schlafbedürfnisse besser und weiß, worauf es bei der nächtlichen Erholung in Zukunft achten soll. Berücksichtigen Sie allerdings, dass es mit einmal drei Wochen Schlafbeobachtung nicht getan ist.

Gute Schlafgewohnheiten müssen ritualisiert werden. Sonst vergisst Ihr Kind zu schnell, was sich vorteilhaft auf seine Nachtruhe auswirkt. Zur Auffrischung empfiehlt es sich, regelmäßig ein neues Schlafprotokoll anzufertigen, zum Beispiel viermal im Jahr.

2. Sicherheitsbedürfnisse

Angstfrei aufwachsen

Ihr Kind soll frei von Angst und gänzlich unbeschwert aufwachsen. Wir haben das Glück, in einem Land zu leben, in dem die äußere Ordnung sehr beständig ist. Sorgen Sie dafür, dass sich Ihr Kind auch im häuslichen Umfeld sicher und jederzeit gut aufgehoben fühlt.

Rückzugsmöglichkeit

Rückzugsorte

Manchmal wünscht man sich einfach einen Ort, an dem man ungestört allein sein kann. Vielleicht, um nach dem letzten Streit noch ein wenig zu schmollen, oder weil sich das neue Buch vom Lieblingsautor so spannend liest. Kinder verspüren dieses Bedürfnis genauso wie wir Erwachsenen. Schaffen Sie Ihrem Kind daher einen geeigneten Rückzugsbereich, der die ersehnte Ruhe bietet. Ein bestimmter Platz im Kinderzimmer, etwa ein Sessel oder ein kleines Zelt, erfüllt diese Funktion hervorragend. Der Rückzugsbereich bleibt Ihrem Kind vorbehalten, Eltern oder Geschwister dürfen ihn lediglich mit ausdrücklicher Erlaubnis nutzen.

Vertrauensvolle Umgebung

Kindern fehlt die Erfahrung, sie verhalten sich nicht in jeder Situation optimal. Ihre Aufgabe als Eltern besteht darin, Verständnis aufzubringen. Das Kind muss überzeugt sein, dass Sie es ernst nehmen und ihm vertrauen. Nur wenn es sich darauf verlassen kann, wird es bei möglichen Problemen zu Ihnen kommen.

Geborgenheit

«Nehmen Sie sich Zeit für die täglichen kleinen Momente des Zusammenseins»

Was verbinden Sie mit diesem Ausdruck? Eine liebevolle Umarmung? Gemeinsame Kuscheleinheiten auf der Couch? Das Vorlesen einer Gute-Nacht-Geschichte vor dem Schlafengehen? Schon beim Gedanken daran steigt ein warmes, wohliges Gefühl in uns auf. Ihr Kind empfindet hier nicht anders. Nehmen Sie sich deshalb Zeit für die täglichen kleinen Momente des Beisammenseins.

Gerechtigkeit

Aus Kinderaugen betrachtet ist die Welt oft ganz schön ungerecht. Man soll viel zu früh ins Bett gehen, immer brav die Hausaufgaben erledigen und ständig sein Zimmer aufräumen. – Sie als Eltern wissen, dass der kindliche Gerechtigkeitsbegriff bisweilen ziemlich stark von dem der Erwachsenen abweicht. Wenn Ihr Kind meint, unfair behandelt worden zu sein, und motzig reagiert, bleiben Sie ruhig. Reden Sie mit Ihrem Kind und finden Sie heraus, warum es sich benachteiligt fühlt. Das ist ein wichtiger Punkt, denn ungelöste Konflikte und Entscheidungen, die vom Kind als ungerecht empfunden wurden, machen es sonst dauerhaft aggressiv und wütend.

Ordnung

Alle Dinge haben einen festen Platz

Ein bisschen Chaos macht Spaß und setzt kreative Energie frei. Doch trotzdem sollten alle Dinge im Haushalt ihren festen Platz haben. Unterstützen Sie Ihr Kind dabei, in seinem Zimmer, auf dem Schreibtisch, im Kleiderschrank Ordnung zu halten. Das gibt Struktur und erleichtert die Organisation des

Alltags. An einem aufgeräumten Schreibtisch kann das Kind seine Hausaufgaben schnell und ohne Ablenkung lösen. Der Lieblingspulli für die Schule oder das Shirt fürs Training muss nicht erst ewig gesucht werden – Kleiderschrank auf, kurzer Blick hinein, schon gefunden!

Sicherheit

Innere Stabilität

Um uns ungestört zu entfalten, brauchen wir Sicherheit. Die Gewissheit, dass wir weder Krieg noch Terror oder anderen willkürlichen Übergriffen ausgesetzt sind. Neben dieser äußeren Unversehrtheit, die Staat und Gesellschaftsform gewährleisten, benötigt Ihr Kind zugleich innere Stabilität. Es muss darauf vertrauen können, dass Sie als Eltern bedingungslos für es einstehen: «Bei Kummer und Krankheit, egal, was passiert, meine Familie ist immer für mich da.»

3. Liebes- und Zugehörigkeitsbedürfnisse

Das häusliche Umfeld

Eltern und Geschwister, Großeltern und Verwandte – unsere Familie begleitet uns von Geburt an ein Leben lang. Wir alle möchten in ihr Liebe und Fürsorge erfahren. Ein vertrautes häusliches Umfeld gibt uns außerdem das Gefühl der Zugehörigkeit.

Liebe und Zuneigung

Körperliche Nähe

Zeigen Sie Ihrem Kind, dass Sie es gernhaben. Durch körperliche Nähe, zum Beispiel indem Sie es in den Arm nehmen, und mit lieben Worten. Kinder, die in einer warmherzigen Atmosphäre heranwachsen, haben es später als Erwachsene leichter, selbst Emotionen zuzulassen und Bindungen einzugehen.

Zugehörigkeit

Rückhalt schenken

Für ein Kind bedeutet die Frage «Wer bin ich?» immer auch «Wo gehöre ich hin?». Die Antwort auf diese Fragen geben gemeinsame Unternehmungen wie Ausflüge, Spieleabende oder einen Kuchen backen. Sie wirken identitätsstiftend und vermitteln Ihrem Kind das Bewusstsein, unverbrüchlicher und auch unentbehrlicher Teil eines Ganzen zu sein. Die Familie schenkt Rückhalt, ohne Forderungen zu stellen.

4. Wertschätzungsbedürfnisse

Zuneigung ohne Bedingungen

Neben bedingungsloser Zuneigung sehnt sich Ihr Kind nach Achtung und Bestätigung. Damit ist einerseits gemeint, dass sich das Kind frei von Schuldgefühlen oder erdrückenden Erwartungen seitens der Eltern oder anderer Erwachsener selbst ausprobieren darf. Zum anderen bleibt es jedoch auf die Wahrnehmung und Wertschätzung seiner Leistungen durch Familienmitglieder und Außenstehende angewiesen. Zeigen Sie daher Interesse, wenn Ihr Kind Ihnen voller Stolz etwas zeigen oder präsentieren möchte, und loben Sie es für seine Ideen.

«Neben bedingungsloser Zuneigung sehnt sich Ihr Kind nach Achtung und Bestätigung»

Akzeptanz

Raum für Persönlichkeitsbildung

Viele Eltern neigen dazu, in ihrem Kind einen Spiegel des eigenen Selbst zu sehen. Das Kind soll sich so verhalten, wie Mutter oder Vater es an seiner Stelle täten. Sobald das Kind von diesem vorgegebenen Weg abweicht, reagieren sie enttäuscht oder gar ablehnend. Unter solchen Vorzeichen kann keine gesunde Entwicklung stattfinden. Setzen Sie deshalb auf einen respektvollen Umgang mit Ihrem Kind und gestehen Sie ihm Raum für seine Persönlichkeitsbildung zu. Das heißt, auch wenn Sie vielleicht gänzlich anders über ein Thema denken, akzeptieren Sie die Meinung Ihres Kindes unvoreingenommen und wertungsfrei. Auf diese Weise lernt Ihr Kind, dass es das Recht auf einen individuellen Standpunkt hat.

Anerkennung

Loben steigert das Selbstvertrauen

Kinder lieben es, gelobt zu werden. Das löst Motivation aus und steigert zudem das Selbstvertrauen. Doch wie finden Sie das geeignete Maß? Wichtig ist, dass Sie nur für echte Erfolge Beifall spenden. Wird das Kind für jede beliebige Sache mit Bewunderung überschüttet, geht die anspornende Wirkung bald verloren, die ständige Anerkennung wird zur Selbstverständlichkeit. Das Kind muss sich besonders angestrengt haben. Unter dieser Voraussetzung kann ein vierter Platz im Wettkampf oder eine Drei in einem schwierigen Schulfach eine persönliche Bestleistung darstellen, für die es reichlich Anerkennung verdient. Und noch etwas: Loben Sie immer aufrichtig und verzichten Sie auf fadenscheinige oder oberflächliche Begeisterung. An unserer Mimik merken Kinder ganz genau, ob wir es ehrlich meinen.

5. Selbstverwirklichungsbedürfnisse

Individualität

Jenseits der genannten Bedürfnisse verlangt es uns Menschen nach geistig anspruchsvoller Beschäftigung und Erkenntnisgewinn, nach einer Möglichkeit, unsere Einzigartigkeit zum Ausdruck zu bringen und so unserem Dasein Sinn zu verleihen.

Lernen und Verstehen

Ihr Kind will vieles wissen und fragt Ihnen vor Neugier Löcher in den Bauch? Freuen Sie sich und antworten Sie geduldig. Kinder machen nur dann Fortschritte, wenn sie begreifen, was von ihnen verlangt wird. Dazu ist eine verständliche Formulierung der Aufgabe unverzichtbar. Erklären Sie Ihrem Kind, warum es gewisse Dinge auf die eine oder andere Art verrichten soll. Und überlegen Sie zusammen, welcher Lösungsweg am aussichtsreichsten sein könnte. Dadurch lernt Ihr Kind, systematisch an Problemstellungen heranzugehen und komplizierte Sachverhalte schneller zu erfassen.

«Kinder machen nur Fortschritte, wenn sie begreifen, was von ihnen verlangt wird»

Ästhetik

Wenngleich das Schöne in Natur und Kunst stets der subjektiven Bewertung des Einzelnen unterliegt, so gibt es doch einen gemeinsamen Nenner, was wir als «schön» empfinden: Ein wohlgeformter Körper, ein harmonisches Musikstück, eine leichtfüßig getanzte Bewegungsfolge vermag uns zu entzücken. Als Eltern obliegt es Ihnen nun, Ihr Kind für den Reiz, der allem Schönen innewohnt, zu sensibilisieren. Wecken und schulen Sie die ästhetische Wahrnehmung, zum Beispiel durch das Vorlesen von Gedichten und kindgerechten

Sensibilisierung für das Schöne

In der eigenen Haut wohlfühlen

Geschichten. Mittlerweile bieten zahlreiche größere Städte Musik- und Theaterprogramme speziell für den Nachwuchs an. Und auch in den eigenen vier Wänden können Sie einiges zur Geschmacksbildung Ihres Kindes beitragen: Gestalten Sie das Kinderzimmer warm und wohnlich, doch ohne es mit Details zu überfrachten. Bei kleineren Kindern ist außerdem Hilfe bei der Körperpflege und der Auswahl der Kleidung angebracht. Das Kind muss sich in seiner Haut wohlfühlen.

Selbstverwirklichung

Grenzen verschieben

Die vorhandenen Talente gänzlich auszuschöpfen, Sehnsüchte und Wünsche in die Tat umzusetzen, kurzum: «das eigene Wesen völlig zur Entfaltung zu bringen» (Oscar Wilde) – all das schwebt uns vor, wenn wir an Selbstverwirklichung denken. Auch Ihr Kind hat den angeborenen Drang, seine Grenzen auszuloten und immer weiter nach oben zu verschieben. Es will wachsen, nicht allein körperlich, sondern ebenso in seinen Fähigkeiten und Fertigkeiten. Zeigen Sie ihm, dass es sich auszahlt, seine Ziele zu verfolgen und dafür zu kämpfen. Ihr Kind sollte das Gefühl haben, ein bedeutendes Leben zu führen. Unterstützen Sie es auf dem Weg dorthin nach Kräften, bremsen Sie aber zugleich behutsam, falls es sich zu überfordern droht. Dafür stehen Ihnen verschiedene Möglichkeiten zur Auswahl, zum Beispiel Sport oder Musik. Wie Sie gemeinsam mit Ihrem Kind anspornende und trotzdem realistische Ziele definieren können, zeige ich Ihnen im nächsten Kapitel.

Glück und Zufriedenheit

Fünf Kategorien und insgesamt 18 Bedürfnisse. Hätten Sie das gedacht? Und jedes dieser Bedürfnisse will hinreichend berücksichtigt werden. Doch es lohnt sich: Ein gut versorgtes und intensiv betreutes Kind wird Ihnen Ihr Engagement mit Glück und Zufriedenheit danken. Und weil Ihr Kind nicht nur seine Begabungen ausleben darf, sondern dafür auch noch Anerkennung und Lob erfährt, wird es dauerhaft hoch motiviert sein. Zugleich erwirbt es Kompetenzen in vielfältigen Bereichen, wodurch sein Selbstvertrauen gesteigert und gestärkt wird. Ein stabiles Selbstwertgefühl gibt Ihrem Kind Sicherheit in allen Lebenslagen und macht es weniger anfällig für Beeinflussungen von außen. Außerdem ist ein Kind, das eine positive Einstellung zu sich selbst hat, fröhlich und psychisch ausgeglichen. Genügend Gründe also, um sich den Bedürfnissen Ihres Kindes mit großer Aufmerksamkeit zu widmen.

Das Wichtigste auf einen Blick

Die Bedürfnisse Ihres Kindes lassen sich in fünf Kategorien unterteilen:

- Essen, trinken, schlafen, frische Luft und ausreichend Bewegung sind physiologische Grundbedürfnisse
- Geborgenheit und Vertrauen schenken Ihrem Kind die nötige Sicherheit im Alltag
- Zeigen Sie Ihre bedingungslose Zuneigung
- Nehmen Sie Ihr Kind so an, wie es ist, und loben Sie es angemessen für seine Leistungen
- Ihr Kind braucht Ihre Unterstützung, damit es sich selbst verwirklichen kann

Zusammenfassung

4 Mehr Motivation mit den richtigen Zielen

- Gemeinsam die richtigen Ziele setzen
- Sollen Erwachsene beim Finden der Ziele unterstützen?
- Sind hochgesteckte Freizeit-Ziele mit der Schule vereinbar?

Motivation als Motor für bessere Leistungen

Feste Ziele vor Augen haben

Motivation ist die Kraft, die uns antreibt. Der unbedingte Wille, etwas erreichen zu wollen, auch wenn wir dafür Widerstände überwinden müssen. Wir sind bereit, an unsere Grenzen zu gehen, alles zu geben – warum? Weil wir ein festes Ziel vor Augen haben. Bei diesem Ziel handelt es sich vielleicht um die Anerkennung einer uns nahestehenden Person, um Ruhm und Ehre oder Geld, meist jedoch schlichtweg um das wunderbare Gefühl tiefer innerer Befriedigung, das wir verspüren, sobald uns etwas aus eigener Anstrengung heraus geglückt ist.

Wenn Ansprüche der Eltern die Kinder überfordern

Zu hohe Erwartungen vermeiden

Bei meiner Arbeit als Trainerin betreue ich Kinder mit völlig unterschiedlicher Einstellung zum Sport. Einige sind sehr motiviert, bei anderen fragt man sich, ob sie freiwillig diesem «Vergnügen» nachgehen. Herrscht zwischen Eltern und Kindern keine Einigkeit über die Ziele, führt das zwangsläufig zu ernsten Konflikten und großen Enttäuschungen. Oft liegt eine Verkettung mehrerer ungünstiger Handlungen vonseiten der Eltern zugrunde. Zu früh haben diese zu hohe Erwartungen, denen das Kind nicht gerecht werden kann. Gleichzeitig bleibt auch dem Trainer kaum eine Chance, die überzogenen Ansprüche zu erfüllen, denn die Eltern fordern den zweiten Schritt vor dem ersten. Das Kind soll durch ein unangemessenes Training auf ein höheres Leistungsniveau gebracht werden. Langfristig beeinträchtigt diese Überforderung aber das Entwicklungspotenzial des Kindes. Häufig fühlt es sich körperlich erschöpft oder ihm kommt die Freude am Sport gänzlich abhanden.

Gemeinsam die richtigen Ziele setzen

Für jeden das Richtige

Erlauben Sie Ihrem Kind, seinen inneren Überzeugungen zu folgen. Sie als Eltern oder Trainer haben die Möglichkeit, Zielsetzungen von außen anzuregen und zu unterstützen, wenn Sie diese für förderlich halten. Falls jedoch das Kind nicht selbst vom Ziel und dessen Wichtigkeit überzeugt ist, wird es früher oder später die Lust daran verlieren und aufgeben. Damit das nicht passiert, stellen Sie sicher, dass das angestrebte Ziel auch tatsächlich zu Ihrem Kind passt. Ziele dürfen weder unter- noch überfordern. Nur dann erzeugen sie die gewünschte Motivation. Unterforderung hieße, das Ziel so niedrig anzusetzen, dass das Kind sich für dessen Erreichung nicht im Geringsten anstrengen muss. Überforderung hingegen würde bedeuten, das Kind hätte auch bei härtestem Training keine Chance, sein Ziel jemals Wirklichkeit werden zu lassen.

Wie finden Sie den geeigneten Schwierigkeitsgrad heraus? Hier kommt es vor allem auf die richtige Kommunikation zwischen den Beteiligten an. Als Eltern sollten Sie sich mit Lehrern, Erziehern oder dem Trainer beraten. Diese verbringen viel Zeit mit Ihrem Kind und können daher sehr gut einschätzen, welche Anlagen es mitbringt und wie weit seine Fähigkeiten im schulischen, musischen oder sportlichen Bereich bereits ausgebildet sind. Trainer wenden sich umgekehrt am besten an die Eltern. Vater oder Mutter erleben das Kind täglich in seinem häuslichen Umfeld und kennen Vorlieben und Verhaltensweisen darum ganz genau.

Sollen Erwachsene beim Finden der Ziele unterstützen?

Kinder brauchen Unterstützung

Ohne Ziele kann keine Motivation entstehen. Wer nicht weiß, weshalb er etwas tun soll, dem fehlt der Anreiz, sich zu bemühen und seiner Bequemlichkeit zu entsagen. Dies trifft auf Kinder ebenso zu wie auf uns Erwachsene. Während die meisten Erwachsenen allerdings wissen, wie sie sich selbst Ziele setzen, bedürfen Kinder hierbei unserer Unterstützung. Sie sind nicht in der Lage, Strategien zu entwickeln und langfristige Pläne zu machen. Das ist aber unbedingt erforderlich, um in der Kindheit und Jugend die Erfahrungen zu sammeln, auf die es im späteren Leben ankommt. Kein Kind vermag das zu leisten.

«Kinder können nicht selbst entscheiden, was später einmal von Nutzen sein wird»

Mit Augenmaß fördern

Niemand käme auf die Idee zu sagen, das Kind kann selbst entscheiden, ob es zur Schule geht und was es dort lernt. Die typischen Kinderüberlegungen zu diesem Thema kennt wohl jeder Elternteil zur Genüge. Woher soll das Kind auch wissen, was einmal von Nutzen sein wird und was nicht? Die Tatsache, dass diese Frage bisher von niemandem exakt beantwortet wurde (daher gibt es so viele unterschiedliche Ansätze in der Schulpolitik), heißt nicht, dass die Kinder dafür eventuell geeigneter sind als ihre Eltern oder die Gesellschaft. Wir Erwachsenen haben die Aufgabe, eine angemessene Auswahl im Sinne der Kinder zu treffen. Es darf jedoch niemals darum gehen, sich selbst über die Kinder zu definieren oder eigene, nicht realisierte Ziele in ihnen zu verwirklichen. Vielmehr gilt es, darauf zu achten, dass die Ziele der Eltern und die sich herausbildenden Ziele der Kinder zueinander passen.

Mein Tipp

Mit Erfolgserlebnissen belohnen

Um eigene Ziele zu entwickeln, müssen für Ihr Kind die Ergebnisse seiner Anstrengungen von vornherein abschätzbar sein. Soll etwa eine neue Fremdsprache erlernt werden, verknüpfen Sie dieses Ziel mit der Ankündigung einer Reise in das entsprechende Land. In den Schulferien darf das Kind seine Kenntnisse der Landessprache vor Ort ausprobieren. Damit wird die Sprache im Bewusstsein des Kindes von Anfang an positiv besetzt. Freudig arbeitet es im Unterricht mit und nutzt jede Gelegenheit, Sie an seinem gerade erworbenen Wissen teilhaben zu lassen. Das ist Motivation pur.

Einfach und konkret formulieren

Kleine Etappen zum langfristigen Ziel

Formulieren Sie Ziele immer so einfach wie möglich. Also kein: «Was wäre wenn?», sondern: «Ich möchte ... erreichen». Ziele müssen außerdem klar definiert werden. Wann beginnt das Kind, an seinem Ziel zu arbeiten? Und wann will es dieses umgesetzt haben? Treffen Sie hier eine präzise zeitliche Absprache. Noch besser ist es, die Übereinkunft schriftlich festzuhalten. Dadurch, dass das Kind seine Unterschrift unter einen «Vertrag» setzt, erhält das Ganze eine größere Verbindlichkeit.

Um dauerhaft Motivation auszulösen, hat es sich bewährt, das langfristige Ziel in kleinere Etappen aufzuteilen. Im Tennis könnte das Ziel für ein 11-jähriges Kind zum Beispiel lauten:

«In drei Jahren möchte ich meinen Aufschlag perfekt beherrschen.»

Realistische Zwischenziele wären nun:

«In den nächsten zehn Trainingseinheiten werde ich drei wichtige Elemente des komplexen Schlages stabilisieren und verinnerlichen.

1. Die richtige Griffhaltung beherrschen
2. Die Ausholbewegung flüssig und locker gestalten
3. Den Ballwurf ruhig und präzise durchführen

In den kommenden zehn Trainingseinheiten werde ich auf drei weitere Schwerpunkte achten:

1. Zielzone treffen (Aus zehn Versuchen treffe ich siebenmal das Feld)
2. Oberkörperrotation beachten
3. Krafteinsatz aus den Beinen berücksichtigen

Der Schlag wird mit der Zeit immer besser. In erneuten zehn Trainingseinheiten kommen drei weitere Punkte hinzu:

1. Drallarten beachten
2. Zuschlagbewegung beschleunigen
3. Spezifische Muskulatur ausbauen

Anschließend trainiere ich vier Wochen alle Schwerpunkte gemeinsam und achte speziell auf Schwachstellen. Nach einem Jahr wird mein Schlag technisch perfekt aussehen.

Für das zweite Jahr nehme ich mir vor, alle Komponenten zu stabilisieren und auszubauen durch gezieltes Schnelligkeits- und Krafttraining. Im dritten Jahr werde ich imstande sein, alle möglichen Drallarten präzise ins Zielfeld zu platzieren und die Geschwindigkeit gut zu dosieren. Die Trefferquote wird 90 Prozent betragen, der Schlag wird sich perfekt anfühlen und perfekt sein.»

Warum ist diese Salami-Taktik entscheidend? Wenn ein Ziel zu groß oder zu weit weg erscheint, wirkt es eher hemmend als unterstützend. Aus diesem Grund sollten die einzelnen Etappen Schritt für Schritt konzentriert erarbeitet und anschließend mit entsprechendem Lob belohnt werden. Das langfristige Ziel stellt sich dann wie von selbst ein.

Regelmäßig den Erfolg kontrollieren

Ziele flexibel halten

Dauert die Umsetzung eines Teilzieles länger als gedacht? Die Zwischenetappen der Zielvereinbarung geben Ihnen wertvolle Auskunft darüber, wie sich die Leistungen Ihres Kindes entwickeln. In diesem Fall war entweder die Planung unrealistisch oder aber das Ziel zu hoch gesteckt. Prüfen Sie nach jedem Zwischenziel, ob das «große» Ziel vorgezogen oder nach hinten verschoben werden muss. Vielleicht braucht das Kind noch mehr Teilziele? Oder es kommt mit weniger aus, weil seine Entwicklung schneller als erwartet vonstatten geht? Entscheidend ist, dass die Zielvereinbarung trotz ihrer Verbindlichkeit flexibel gehandhabt wird. Wenn die Leistung nicht mit dem Zeitplan Schritt hält oder ihm vorauseilt, sollten Sie Änderungen am Plan zulassen oder ihn womöglich sogar völlig neu strukturieren. So sorgen Sie dafür, dass das Ziel stets den individuellen Voraussetzungen Ihres Kindes entspricht.

Leistung muss sich entwickeln

Egal, was das Kind erreichen möchte – Sie als Eltern oder Trainer sind gefordert, auf eine ständige Leistungsentwicklung zu achten. Zeigt das Kind etwa beim Fußball oder beim Geigespielen zu wenig Einsatz, forschen Sie nach den Ursachen. Hat das Kind einfach keinen Spaß an der Sache, lassen Sie es damit aufhören und eine andere Sportart oder ein anderes Instrument ausprobieren. Aufwand und Leistung müssen in einem angemessenen Verhältnis stehen. Sonst entwickelt sich das Kind nicht weiter und verschwendet bloß seine Zeit. Ihr Kind sollte bei allem, was es tut, sein Bestes versuchen. Das gilt auch dann, wenn es sich nur um ein Hobby handelt. Zwar wird das Kind hier weniger trainieren und kann folglich nicht so hohe Leistungen erbringen. Trotzdem muss das Ziel lauten, 100 Prozent des Machbaren zu geben.

Leistungsentwicklung aufmerksam verfolgen

Hilfreich ist es zudem, wenn eine emotionale Bindung an das Ziel besteht. Das setzt Energien frei, die den Entwicklungsprozess beschleunigen. Ihr Kind sieht sich selbst als großen Schauspieler auf einer Filmleinwand oder als umjubelte Sportlerin im ausverkauften Stadion? Sehr gut, so wird es selbstbewusster! Und es schöpft daraus die Motivation, kontinuierlich an sich zu arbeiten.

Motivation schöpfen

Große Ziele – Kinder und Profikarriere?

«Das Ziel richtet sich immer nach dem Kind»

Vielleicht haben Sie sich diese Frage schon öfter gestellt: Darf man als Eltern das Ziel verfolgen, sein Kind zum professionellen Sportler oder Musiker ausbilden zu lassen? Ich sage ganz eindeutig: ja. Allerdings darf dieses Ziel nicht starr und unumstößlich sein. Die Ausbildung muss vielmehr dem jeweiligen Alter des Kindes entsprechen. Verdeutlichen Sie Ihrem Kind außerdem, weshalb Sie genau diese Sportart oder dieses Musikinstrument für sinnvoll halten. Anschließend sollte es seine eigenen Vorstellungen und Wünsche mit diesem Ziel abgleichen dürfen. Nur wenn Sie seine Meinung mit einbeziehen, wird es sich verstanden und ernst genommen fühlen. Und dann besteht durchaus die Möglichkeit, dass es die Ziele der Eltern übernimmt und zu den seinen macht.

Altersgerechte Ausbildung des Kindes

Ziele angleichen

Weil sich Ziele aber mit der Zeit verändern, sollten Sie ständig beobachten, in welche Richtung sich Ihr Kind entwickelt, und gegebenenfalls Ihre Zielsetzung daran anpassen. Ein Beispiel: Wenn Sie Ihr Kind gern zum Musiker ausbilden lassen wollen, es aber anstelle des Cellos partout die Querflöte bevorzugt, sollten Sie keinesfalls verärgert reagieren, sondern sich freuen, dass Ihr Kind Ihren Traum von der Laufbahn als Profimusiker teilt. Nur eben nach seinen Vorstellungen.

Info

Profikarriere – So klappt es

Diese Voraussetzungen müssen erfüllt sein:

- Das Kind hat Spaß an der Tätigkeit
- Das nötige Talent ist vorhanden
- Es stehen gute Lehrer/Trainer zur Verfügung
- Das heranwachsende Kind will diese Tätigkeit intensivieren

Leider treffen die genannten vier Punkte in den seltensten Fällen zusammen. Daher sind die ehrgeizigen Ziele der meisten Eltern zum Scheitern verurteilt. Es ist wichtig, sich das rechtzeitig einzugestehen, damit die Ausbildung auf einer weniger anspruchsvollen Stufe fortgeführt werden kann. Auf diese Weise entfaltet zum Beispiel der Sport oder die Musik eine für die allgemeine Entwicklung des Kindes hilfreiche Wirkung, ohne durch Überforderung zu schaden.

Zu hoch gesteckte Ziele eingestehen

Unterschiedliche Ziele – Wer setzt sich durch?

Diese Frage ist nicht so einfach zu beantworten. Angenommen, die Zielsetzungen von Eltern und Kind widersprechen sich eklatant. Dann wird sich das Ziel der Eltern, aus dem Kind etwa einen Weltklassesprinter oder Klaviervirtuosen zu formen, auf keinen Fall verwirklichen lassen. Das bedeutet aber nicht, dass die Ziele des Kindes in Gänze zur Geltung kommen müssen. Besonders kleine Kinder orientieren sich sehr stark an den Wünschen der Eltern. Achten Sie deshalb darauf, dass Ihr Kind die Tätigkeit nicht nur ausübt, um Ihnen zu gefallen, sondern auch Spaß daran hat.

Kompromisse bei Zielfindung eingehen

Andernfalls können die längerfristigen Ziele des Kindes darunter leiden. Dann ist es womöglich nicht in der Lage, Zeit und Mühe in ein Aufgabengebiet zu investieren, an dem es wirklich Interesse hat. Hierdurch wird das Fortkommen des Kindes in geistiger, körperlicher und gesellschaftlicher Hinsicht blockiert. Seine Unzufriedenheit über das von seinen Eltern verordnete Tun wächst kontinuierlich und verstärkt sich mit den Jahren. Da das Kind sich aber im Laufe der Zeit eigene Ziele angeeignet hat, kommt die notwendige Rebellion bereits relativ früh und eindeutig mit dem Beginn der Pubertät. Die Enttäuschung bleibt den Eltern selbstverständlich nicht erspart, dennoch dürfte ihre Frustration relativ gering ausfallen.

Längerfristige Ziele berücksichtigen

Eigene Ziele entwickeln

Etwas schwieriger wird es, wenn das Kind nicht über eigene langfristige Ziele verfügt. Das ist bei kleinen Kindern eher die Regel, muss sich aber unbedingt im Laufe des Älterwerdens ändern. Wird das Kind zu früh auf eine Richtung fokussiert, fehlt es ihm an Informationen und Erfahrungen, seine Bedürfnisse überhaupt zu erkennen. Folglich lernt es nicht, eigene Ziele zu definieren. Das Kind wird sich auch später als Jugendlicher noch sehr lange den Wünschen der Eltern beugen. Dann gibt es nichts, was der Teenager jenen entgegensetzen könnte, da er keinerlei eigene Ziele entwickelt hat. Er wird aber in aller Regel nicht fähig sein, die Wünsche der Eltern voll umzusetzen, da die Motivation mehr von den Eltern als aus ihm selbst kommt. Der Konflikt und die Enttäuschung stellen sich irgendwann umso heftiger ein. Entweder geht der Jugendliche den vorgezeichneten Weg ohne Erfolg und innere Befriedigung weiter, oder die unvermeidliche Auseinandersetzung bricht sich Bahn, allerdings viel später und intensiver als im ersten Fall.

«Ein Kompromiss bringt die Wünsche von Eltern und Kind zusammen»

Bei Widerstand nachgeben

In beiden Konstellationen werden Eltern wie Kind enttäuscht, in der Fachsprache heißt das «Loss-Loss-Situation». Diese aufzulösen, liegt in der Verantwortung der Eltern. Es bringt nichts, stur an den ehrgeizigen Plänen für das Kind festzuhalten, wenn es sich dagegen sträubt.

Das Kind unterstützen

Bitte denken Sie daran: Widersprechen sich die Ziele von Eltern und Kindern, sind es nie die Eltern, die sich durchsetzen. Haben Sie das erkannt, besteht Ihre Aufgabe darin, das Kind beim Ausfindigmachen und Durchsetzen seiner Ziele zu unterstützen, vorausgesetzt, sie sind sinnvoll und positiv. Dann gewinnt das Kind, und auch Sie als Eltern werden viel Grund zur Freude haben, weil das Kind die Chance nutzt, sein volles Potenzial zu entfalten.

Info

Selbstvertrauen als Basis

Kinder brauchen Selbstvertrauen, damit sie den Wünschen der Eltern eigene Vorstellungen entgegensetzen können. Sie müssen die Wichtigkeit und Richtigkeit ihrer Bedürfnisse erkennen und lernen, auf ihre Stärken zu bauen. Zugleich ist eine Menge Selbstvertrauen nötig, um an die eigene Urteils- und Entscheidungsfähigkeit zu glauben. Nur so haben Kinder den Mut, ihre Überzeugungen offen auszusprechen und zu vertreten.

Das Schaffen von Selbstvertrauen gehört daher zu den Hauptaufgaben der Kindererziehung.

Sind hochgesteckte Freizeit-Ziele mit der Schule vereinbar?

Schulische Leistung

Viele Eltern fragen sich, ob sie ihr Kind guten Gewissens zum Musikunterricht oder Sport schicken können, ohne dass die schulische Entwicklung darunter leidet. Diese Befürchtung ist ein Stück weit berechtigt, da bei allen Freizeitaktivitäten, die mit Ehrgeiz verfolgt werden, großer Leistungsdruck herrscht. Häufig sind die Kinder sogar richtiggehend überfordert. Werden sie dann nicht ausreichend unterstützt, laufen sie Gefahr, an ihren eigenen Erwartungen und denen der Erwachsenen zu zerbrechen. Durch das rein auf Ergebnisse konzentrierte Denken geht oftmals die Spielfreude verloren. Das tägliche Training steigert außerdem die Ansprüche des Umfeldes enorm, so geraten die tatsächlichen Bedürfnisse der Kinder schnell aus dem Blickfeld. Pausen, Spielphasen und Ruhezeiten werden immer wieder vernachlässigt.

Auswirkung von Fehleranalysen

Dagegen überschütten Eltern und manchmal auch Trainer oder Musiklehrer das Kind mit destruktiven Kommentaren und ständigen Fehleranalysen. Hat das Kind noch nicht gelernt, mit Niederlagen und Rückschlägen umzugehen, führt das leicht zu einer allgemeinen Unzufriedenheit. Es kann so weit gehen, dass sich die Kinder nichts mehr zutrauen, dass sie den Glauben an sich selbst verlieren. Im schlimmsten Fall kommen sogar Depressionen vor. Wen wundert es, wenn sich Unzufriedenheit und Versagensangt dann auch auf die schulischen Leistungen übertragen? Die Noten werden immer schlechter, weitere Fehleranalysen folgen. Auf diese Weise nimmt der Druck noch stärker zu und setzt einen regelrechten Teufelskreis in Gang.

«Kinder mit Freizeit-Zielen sind oft bessere Schüler»

Ausgleich zur Schule

Vielleicht überlegen Sie jetzt, wieso um alles in der Welt irgendjemand seinem Kind erlauben sollte, zum Sport oder zur Musikstunde zu gehen? – Es gibt eine Menge guter Gründe, die dafür sprechen! Kinder brauchen einen Ausgleich zur Schule, der ihnen beim Abschalten hilft. Das Kind trainiert dabei soziale Kompetenzen und Tugenden wie Teamfähigkeit, Disziplin, Pünktlichkeit oder Ausdauer, die es auch in der Schule voranbringen. Außerdem stärken sportliche und künstlerische Tätigkeiten die Kinder geistig wie körperlich: Koordination und Konzentration werden entscheidend verbessert und die Körperwahrnehmung läuft viel bewusster ab.

Organisation

Erstaunlicherweise sind oft gerade diejenigen Kinder gute Schüler, die einen Großteil ihrer Zeit in außerschulische Aktivitäten investieren. Dafür gibt es eine ganz einfache Erklärung: Durch den hohen Zeitaufwand lernen die Kinder automatisch, sich in allen Lebensbereichen zu organisieren und Entscheidungen zu treffen. Beim Erledigen der Hausaufgaben oder bei der Vorbereitung auf eine Klassenarbeit ist dieses strukturierte Vorgehen dann ebenfalls ein klarer Vorteil. Denn wer weiß, worauf es ankommt, schafft mehr in kürzerer Zeit.

Selbstvertrauen

Ein weiterer positiver Effekt von Sport, Musik oder anderen Aktivitäten liegt auf der Hand: Sie stellen das Kind vor neue Herausforderungen wie zum Beispiel einen Wettkampf oder ein Vorspielen in der Musikschule. Natürlich, am Anfang überwiegt bei den Kindern hier oft die Nervosität. Doch die Erfolge lassen nicht lange auf sich warten. Die saubere Ausführung einer Technik, der Applaus der Zuschauer oder die Gewissheit, bei einem Wettbewerb das Beste geleistet zu haben – all das macht selbstsicher und ausgeglichen.

Geistige Reife

Wie lautet nun das Fazit? Ganz eindeutig: Eine ambitionierte Freizeitgestaltung ist der schulischen Entwicklung eines Kindes absolut zuträglich. Weil es in mehr als einem Bereich gefordert wird, lernt das Kind, Aufgaben effizienter zu lösen. Es stellt sich zahlreichen Herausforderungen und gewinnt dadurch an Erfahrung. Auf diese Weise wächst es mental und erwirbt eine größere geistige Reife. Zugleich erkennen Kinder durch Sport, Kunst oder Musik sehr früh, worauf es in unserer Leistungsgesellschaft ankommt. Wettbewerbe, Kurse und Trainingslager schulen einerseits ein gesundes Konkurrenzdenken, andererseits werden die Kinder durch das Beisammensein toleranter und können über den Tellerrand hinausblicken. Sie erfahren schon in jungen Jahren, was Weltoffenheit bedeutet.

Mein Tipp

Das Wohl Ihres Kindes stets vor Augen

So vermeiden Sie negative Auswirkungen auf die schulische Leistung: Überprüfen Sie regelmäßig, ob Sie allen körperlichen und mentalen Bedürfnissen Ihres Kindes genügend Beachtung schenken. Dann wird es sich rundum wohl fühlen und kann seine Leistung in Schule und Freizeit optimal entfalten.

Was tun bei Motivationsschwierigkeiten?

Ungenutzte Potenziale

«Hilfe, mein Kind hat schlechte Noten in der Schule! Es strengt sich überhaupt nicht an!» «Mein Kind ist wahnsinnig talentiert, bleibt aber weit hinter seinen Möglichkeiten zurück! Es könnte so viel mehr erreichen, wenn es sich nur etwas größere Mühe geben würde!» – Kennen Sie solche Gedanken? Eltern sind oft ziemlich verzweifelt darüber, dass ihr Kind sein Potenzial nicht ausschöpft. Woran liegt das? Und vor allem: Was hilft dagegen?

Mangelnde Motivation

Am Anfang dieses Kapitels haben wir festgestellt, dass Motivation die Grundlage jeden Erfolges ist. Nur wer ganz genau weiß, warum er etwas schaffen will, der erreicht auch sein Ziel. Umgekehrt heißt das: Ohne ausreichende Motivation lassen sich keine Ziele verwirklichen. Wenn ein Kind nicht die Leistung erbringt, die man von ihm aufgrund seiner Fähigkeiten erwarten könnte, hat das häufig mit einem Mangel an Motivation zu tun. Das Kind hat nicht verstanden, weshalb es sich für etwas abmühen soll. Deshalb kann es auch keine Freude an der Tätigkeit empfinden. Fehlt aber die Begeisterung, sind gute Ergebnisse selten. Schlechte Leistungen jedoch lösen wiederum keine Motivation aus, und so entsteht eine Abwärtsspirale, die oft zu absoluter Lustlosigkeit und Frustration führt.

Motivation ist gleich Spaß

Motivation durch Spaß

Um Ihrem Kind einen Ausweg aus dieser Situation aufzuzeigen, sorgen Sie vor allem dafür, dass es den Spaß an seiner Aufgabe (wieder-)entdeckt. Setzen wir also Spaß mit Motivation gleich und fragen uns: Wann haben wir Spaß? Das ist natürlich ein relativer Begriff, denn für jeden von uns sieht Spaß anders aus. Man kann das Ganze allerdings so zusammenfassen: Im Grunde suchen wir alle nach Erfolg und Anerkennung. Haben wir das Gefühl, unser Bestes zu geben, und erhalten dafür die entsprechende Wertschätzung unserer Mitmenschen, erfüllt uns das mit Freude und Glücksempfinden. Es macht uns Spaß.

Kleine Alltagserfolge

Mit Erfolg meine ich übrigens nicht unbedingt Platz eins. Es sind die kleinen Erfolgserlebnisse des Alltags, die uns fröhlich stimmen. Ein Beispiel: Jonas kommt regelmäßig zu spät zur Schule. Am Montag schafft er es tatsächlich, pünktlich zu sein. Er ist sehr stolz und die Lehrerin lobt ihn dafür. Durch diesen kleinen Triumph wird er motiviert, in Zukunft darauf zu achten, seinen Wecker zu stellen, um weitere Anerkennung von der Lehrerin und den Mitschülern zu bekommen. Plötzlich empfindet er sogar Freude daran, ein paar Minuten früher als notwendig das Elternhaus zu verlassen. Wenn Kinder erst einmal verstanden haben, dass sie allein für ihren Erfolg verantwortlich sind, machen sie in ihrer Entwicklung schnell Fortschritte.

Grenzen erkennen und verschieben

Grenzen definieren

Bereits vorhandene Motivation lässt sich durch angemessene Aufgaben noch verstärken. Sie sollten mit etwas Übung realistisch zu bewältigen sein. Das schult auch die Willenskraft und das Durchhaltevermögen. In diesem Zusammenhang können Grenzen definiert werden. Eine leichte Überforderung hilft, die derzeitigen Grenzen des Kindes besser auszuloten. Jeglicher Unterricht und jedes Training muss im Grenzbereich der Leistungsfähigkeit stattfinden. Nur so erweitert das Kind sein Limit, indem es die Herausforderung annimmt und an der Aufgabe wächst. Es gewinnt mehr Selbstvertrauen und erhält einen zusätzlichen Motivationsschub.

Mein Tipp

Zu leicht oder zu schwer?

Wie reagieren Sie angemessen auf Zeichen von Über- oder Unterforderung bei Ihrem Kind? Wenn der Stoff zu schwer ist, fehlen Ihrem Kind die Grundlagen. Deshalb muss es eine Stufe zurückgehen und die Basiskenntnisse trainieren, um den Anschluss an die Gruppe nicht zu verlieren. Lassen Sie das Kind länger üben, aber schrauben Sie den Anspruch zurück. Nachhilfe bietet gute Unterstützung.

Bei zu niedrigen Anforderungen kommt es ebenfalls oft zu schlechten Leistungen. Es fehlt der Anreiz, sich anzustrengen. Erhöhen Sie darum den Schwierigkeitsgrad, indem Sie das Kind in einer besseren Gruppe unterbringen. Zögern Sie nicht zu lange, sonst kann das Kind durch seine mangelnde Beteiligung tatsächlich Lücken im Wissen oder Können bekommen. Plötzlich ist der Stoff dann gar nicht mehr zu leicht, sondern viel zu schwer.

Schummeln als Zeichen kreativer Problemlösung?

Schneller zum Ziel

Kinder sind schlau und entwickeln Methoden, um mit möglichst wenig Aufwand ihre Ziele zu erreichen. Das zeigt sich auch in den Bereichen Schule und Sport: Oft merkt ein Kind unbewusst, dass es auf anderen als den vorgegebenen Wegen viel schneller zum Erfolg kommt. Anstatt selbst seine Hausaufgaben zu machen, bringt es andere dazu, sie an seiner Stelle zu erledigen. Das Ergebnis ist scheinbar das gleiche: Die Aufgaben sind fertig. Von der Lehrerin gibt es ein Lob. Hätte das Kind die Hausaufgaben selbst gemacht, wäre eigenes Denken nötig gewesen und die Lösung eventuell falsch. Genauso im Sport: Hier passiert es häufig, dass Kinder beim Zählen ihrer Rundenzahlen absichtlich mogeln. Der Grund dafür leuchtet wiederum ein – das Kind erhält Anerkennung vom Trainer und von den Eltern, die stolz auf die vermeintlich gute Leistung ihres Kindes blicken.

«Mogeleien haben immer eine Ursache»

Ursachen für Schummeleien

Wie sollten Sie mit solchen Unaufrichtigkeiten umgehen? Suchen Sie zuallererst immer nach der Ursache. Hat das Kind Angst davor, ein falsches Ergebnis zu präsentieren (vor allem im mündlichen Unterricht)? Dann loben Sie es allein für den Versuch einer Lösung und tadeln Sie es nie bei falschen Antworten. Bei einer richtigen Antwort bekommt es ein Extralob. Bieten Sie ihm in schwierigen Fällen Hilfe an – allerdings nur, wenn es sich zuvor ernsthaft und ehrlich bemüht hat. Schummelt das Kind beim Training, fragen Sie sich einmal selbstkritisch, inwieweit Sie vielleicht durch ständigen Vergleich mit Konkurrenten des Kindes dieses Verhalten fördern. Geben Sie dem Kind mehr Anerkennung, wenn es an seine Grenzen geht, unabhängig davon, welche Platzierung es erreicht. Das stärkt sein Selbstvertrauen und hilft ihm, zur eigenen Leistung zu stehen.

Eigenständige Problemlösung anstreben

Generell bedeuten Mogeleien bei Kindern, dass ihre Ziele nicht klar genug auf sich selbst festgelegt sind. Motivieren Sie ein Kind daher immer möglichst früh, eigenständig Problemlösungen anzustreben. Auf diese Weise entwickelt es ein Interesse daran, die Aufgabe überhaupt zu erfüllen, und wird mit Feuereifer bei der Sache sein. Zugleich fühlt es sich nur wohl, wenn es die Lösung selbst erarbeitet hat.

Umgang mit Druck und Stress

Folgen von Stress

Kinder leiden genauso sehr unter Druck und Stress wie wir Erwachsenen. Wobei diese beiden Phänomene für sich genommen weder gut noch schlecht sind – sie zeigen einfach unsere Motivation. Wird der Druck jedoch übermächtig, stellen sich schnell negative Folgen ein. Nervosität, innere Unruhe, das Gefühl ständigen Getriebenseins ergreifen Besitz von uns. Deshalb ist es außerordentlich wichtig, dass Kinder bereits früh lernen, mit Stress umzugehen. Allerdings sollten Sie diesen immer nur in altersgerechten Häppchen an das Kind heranlassen, damit es sich langsam daran gewöhnen und wirksame Strategien entwickeln kann.

Eltern als Stressverursacher

Problematisch wird es, wenn die Eltern selbst dem Kind Stress verursachen. Sie fordern bestimmte Leistungen von ihrem Nachwuchs und setzen ihn damit unnötig unter Druck. Schließlich wollen sie nur das Beste. Leider erreichen sie damit oft das genaue Gegenteil: Das Kind malt sich Risiken und Folgen seines Handelns in den grauenhaftesten Farben aus. Gleichzeitig sinkt das Vertrauen in das eigene Können rapide, die Leistungen verschlechtern sich. Stattdessen sollten Eltern ihren Kindern helfen, Risiken realistisch zu bewerten, und sie gleichzeitig in ihren Fähigkeiten bestärken.

Oberflächlich gute Leistungen

Deutlich schwieriger gestaltet es sich, übermäßigem Stress im umgekehrten Fall auf die Schliche zu kommen: Das Kind erbringt Leistungen, die an der Oberfläche gut und wünschenswert erscheinen. Es hat gelernt, dass es sich Liebe und Anerkennung durch die Eltern nur sichern kann, indem es diese Ergebnisse abliefert. Klar, dass es bei der nächsten Gelegenheit möglichst noch besser abschneiden soll. Die Forderungen werden immer belastender, ein Ausweg ist nicht in Sicht.

Resignation und Aggression richtig deuten

Eigenmotivation prüfen

Fühlen sich Kinder überfordert und hilflos, zeigen sie zwei mögliche Reaktionen. Zum einen resignieren sie häufig vor einer Tätigkeit und lassen in ihren Leistungen nach. In diesem Fall sollten die Eltern überprüfen, ob bei dem Kind genügend Eigenmotivation vorhanden ist: Möchte es selbst zum Beispiel einer bestimmten Sportart nachgehen, oder folgt es nur dem elterlichen Wunsch? Aus dem Ergebnis müssen die entsprechenden Konsequenzen gezogen werden. Entweder sind die Eltern gefordert, ihre Erwartungen ein Stück weit zurückzunehmen, damit das Kind wieder Spaß am Training hat. Oder aber die Tätigkeit ist ganz einzustellen, weil das Kind sie als bloße Belastung empfindet. Hier heißt es dann, gemeinsam nach Alternativen zu suchen.

Geduld bewahren

Neben Resignation flüchten sich viele überforderte Kinder in Aggression, um ihren Gefühlen Luft zu machen. Egal, ob gegen sich selbst oder Außenstehende gerichtet – in diesem Fall ist Geduld angesagt! Nur wer gelassen bleibt, kann dem Kind jetzt helfen. Zunächst muss man warten, bis es sich beruhigt hat. Eventuell bringt man es in einen anderen Raum, damit es kurz für sich ist. Ein Gespräch sollte ausdrücklich als Hilfe dienen, nicht als Kritik. Dann wird das Kind verstehen, dass es am meisten sich selbst schadet. Entscheidend vonseiten der Eltern ist, den Druck erheblich zu reduzieren.

Motivation durch gegenseitigen Respekt

Gute Lehrer begeistern

Die Motivation eines Kindes entspringt seinem inneren Antrieb, Erfolg und Spaß zu erleben. Können aber auch Lehrer oder Trainer auf die Motivation von Kindern Einfluss nehmen? Selbstverständlich! Jeder Erwachsene, der über gute pädagogische Fähigkeiten verfügt und selbst motiviert ist, wird die Kinder mit seiner Begeisterung anstecken. Daran erkennen Sie einen guten Lehrer, sei es in der Schule, im Sport oder beim Musizieren.

Respekt zu Hause üben

Doch selbst ein noch so motivierter Lehrer wird nur erfolgreich unterrichten, wenn die Haltung seiner Schüler stimmt. Sind diese aufmerksam, ist auch der Lehrer gewillt, sein Bestes zu geben. Der höfliche und wertschätzende Umgang miteinander sorgt für eine gute Stimmung und garantiert den maximalen Lernerfolg. Als Eltern können Sie dazu beitragen, indem Sie Ihren Kindern zu Hause ein respektvolles Verhalten vorleben, auch bei Meinungsverschiedenheiten. Da Kinder sich sehr stark an ihren Eltern orientieren, werden sie das gezeigte Muster bald übernehmen.

Gruppenkonflikte geschickt auflösen

Gruppen richtig zusammensetzen

Ebenso wichtig wie ein kompetenter Lehrer ist die richtige Zusammensetzung einer Gruppe. Sonst funktioniert der gesamte Unterricht nicht und die Motivation schläft ein. Vor allem im Sport trifft man häufig auf dieses Problem. Koordinativ normal entwickelte Kinder trainieren gemeinsam mit Kindern, die in diesem Bereich großen Nachholbedarf haben. Das führt zu einem enormen Ungleichgewicht in der Gruppe. Die schwächeren Kinder benötigen deutlich mehr Zeit und eine intensivere Betreuung, um auf das Ausgangsniveau der anderen Kinder zu kommen. Währenddessen entwickeln diese sich aber sehr schnell weiter, das heißt, die koordinativ weniger trainierten Kinder haben ständig einen Rückstand aufzuholen. Auf der anderen Seite bleibt dem Trainer weniger Zeit für die Unterweisung der stärkeren Kinder.

Ungleichgewicht als Gefahr

Dieses Dilemma stellt selbst einen gut ausgebildeten Trainer vor eine Herausforderung. Entweder werden die einen Kinder unterfordert und langweilen sich, oder die anderen leiden an Überforderung und verlieren die Lust. Außerdem besteht die Gefahr, dass die stärkeren die schwächeren verspotten. Am Ende verlassen diese dann häufig die Gruppe, manchmal hören sie sogar ganz mit dem Sport auf, weil ihr Selbstbewusstsein schweren Schaden genommen hat.

Optionen für Trainer

Wie kann der Trainer den Kindern solche traurigen Erlebnisse ersparen? Und was muss er tun, um allen Kindern eine optimale Förderung zu bieten? Er sollte dringend die Gruppeneinteilung ändern. Manchmal ist es allerdings aus verschiedenen Gründen nicht möglich, neue Gruppen zu bilden. Dann hat der Trainer eine weitere Option: Angenommen, für eine Trainingseinheit sind 60 Minuten vorgesehen. Das Training ließe sich eventuell um eine halbe Stunde verlängern und die Gruppe teilen.

Mit dem Ergebnis, dass die Kinder anschließend in zwei leistungsgerechten Gruppen jeweils 45 Minuten lang konzentriert trainieren.

Unterschiedliche Aufgaben stellen

Bisweilen kommt auch diese Lösung aufgrund äußerer Umstände nicht in Frage. Nun bleibt dem Trainer noch eine Alternative, durch die das Training trotzdem eine zufriedenstellende Qualität erhalten kann. Innerhalb der Einheit vergibt er verschiedene Aufgaben mit unterschiedlichem Schwierigkeitsgrad. Die koordinativ stärkeren Kinder führen dabei anspruchsvollere Übungen aus als die schwächeren. Zugegeben, dies unter einen Hut zu bringen, ist nicht einfach und erfordert vom Trainer große Flexibilität. Aber es lohnt sich! Weil jeder sein Bestes gibt, machen alle Fortschritte. Die schwächeren Kinder schauen sich viel von den anderen ab. Und auch die soziale Kompetenz profitiert, da die Kinder gegenseitigen Respekt üben. Besonders für die stärkeren Kinder bedeutet das eine wertvolle Erfahrung. Sie lernen, Schwächere zu unterstützen und Vorbild zu sein.

Das Wichtigste auf einen Blick

- Für eine optimale Entwicklung brauchen Kinder Ziele
- Um Ziele zu erreichen, muss die Motivation stimmen
- Motivation entsteht aus Erfolg und Freude an der Tätigkeit
- Eltern und Trainer dürfen Ziele behutsam steuern, aber nie Zwang ausüben
- Zur Erfolgskontrolle sollten Ziele aufgeschrieben werden
- Leistung wächst nicht von heute auf morgen, dafür ist Geduld nötig
- In einem intakten Umfeld harmonieren ehrgeizige Freizeit-Ziele gut mit der Schule

Zusammenfassung

5 Starker Kopf – starke Leistung

- Die besten Techniken zum Aufbau mentaler Stärke
- Konzentration – gewusst wie
- Alles um sich herum vergessen: der Flow-Zustand

Das eigene Können möglichst exakt einschätzen

Mentale Stärke

Wir kommen nun zur Königsdisziplin innerhalb des Mentaltrainings: der mentalen Stärke. Wer über sie verfügt, kann effektiv und gut mit Herausforderungen umgehen, ohne dabei die eigenen Werte zu verraten. Sie macht einen Großteil der Persönlichkeit aus. Gleichzeitig bedeutet mentale Stärke, dass wir unser Können exakt einschätzen. Ein Kind, das seine Fähigkeiten und die erbrachte Leistung richtig bewertet, wird sie dementsprechend gut in Prüfung und Wettkampf abrufen und sie mit der Zeit noch weiter steigern. Ich arbeite bereits seit vielen Jahren aktiv mit Kindern am Aufbau von mentaler Stärke. In dieser Zeit haben sich dabei zwei große Bereiche als meine Schwerpunkte herauskristallisiert: Techniken, die die mentale Stärke ganz gezielt fördern, und Konzentrationstraining. Obwohl ich einige der Techniken bereits sehr lange anwende, bin ich immer wieder erstaunt, zu welchen Leistungen die Kinder mit ihrer Hilfe fähig sind.

«Mentaltraining steigert die Leistung des Kindes»

Die besten Techniken für den Aufbau von mentaler Stärke

Training gegen Nervosität

Mal ehrlich, wer von uns wünscht sich nicht, in vielen Situationen sicher und gelassen zu reagieren? Trotzdem werden wir mit steigendem Stressgrad immer nervöser. Wir zweifeln an uns selbst, an unseren Fähigkeiten, unseren Entscheidungen. Das ist ganz normal, sowohl bei uns Erwachsenen als auch bei unseren Kindern. Ein Dauerzustand muss das jedoch nicht bleiben. Mit den richtigen Methoden lässt sich die mentale Stärke nämlich ausgezeichnet trainieren. Und das Beste daran: Die folgenden Techniken sind nicht nur effektiv und nachhaltig, sie machen auch Spaß!

Den Erfolg fest im Blick

Fortschritte dokumentieren

Wenn wir uns unserer eigenen Erfolge bewusst sind, fühlen wir uns gut. Das wirkt sich auch auf unsere mentale Stärke aus. Ermuntern Sie daher Ihr Kind, ein Erfolgstagebuch zu führen, eine wertvolle Hilfe bei der Dokumentation seiner Fortschritte. Gleichzeitig trainiert es Denkvermögen, sprachliche Entwicklung und Selbstverantwortung. Beginnen Sie damit, sobald Ihr Kind lesen und schreiben kann.

Selbstreflexion anregen

Ein solches Tagebuch wird sich bald als Schlüssel zum Erfolg erweisen. Es motiviert die Kinder, möglichst viele Sachen zu erleben, um sie hinterher festhalten zu können. Beim Schreiben selbst werden sie sich Gedanken über den kommenden Tag machen: Was habe ich morgen vor? Wie werde ich es angehen? Am Anfang fällt es den Kindern oft noch schwer, das Erlebte zu Papier zu bringen, doch mit der Zeit entwickeln sie eine gewisse Routine. Die sprachliche Affinität wächst, und es wird immer leichter für sie, die Ereignisse zu formulieren.

Ü4 *Trainingstagebuch*

Zunächst analysieren Sie gemeinsam mit dem Kind die positiven Aspekte der erbrachten Leistungen und loben es ausgiebig. Im Anschluss stellen Sie zum Beispiel folgende Fragen:

- Was hättest du besser machen können?
- Wie hätte sich deine Leistung verändert, wenn du gewisse Dinge beachtet hättest?

Wird das Tagebuch regelmäßig geführt, lässt sich die Leistungsentwicklung des Kindes sehr gut daran ablesen.

Natürlich können Sie andere, eigene Methoden für die Dokumentation finden, zum Beispiel Video- oder Tonaufnahmen. Jede Reflexion fördert und kontrolliert den Entwicklungsweg, ganz unabhängig davon, wie sie aussieht. Vergleichen Sie regelmäßig gemeinsam den aktuellen Leistungsstand mit den älteren Eintragungen. Wie klein diese Fortschritte auch sein mögen: Über das Bewusstmachen lernen Kinder, dass sie mit Einsatzwillen und konzentrierter Arbeit auch die entsprechenden Erfolge erzielen. Daraus gewinnen sie Kraft und Selbstvertrauen.

Ihr Kind hat Probleme in einem bestimmten Schulfach oder möchte sich gezielt in einer speziellen Sportart verbessern? Kein Problem, dann macht es nur genaue Angaben über seine Leistungsentwicklung in diesem Bereich. Das Erfolgstagebuch lässt sich ausgezeichnet auf einzelne Punkte beschränken.

Fragen, die im Tagebuch beantwortet werden sollen

- Was habe ich heute erlebt/getan?
- Wie hat sich das Erlebte angefühlt?
- Was könnte ich tun, damit es sich noch besser anfühlt? Gibt es eine Steigerung?
- Habe ich alle Aufgaben erledigt, die anstanden?
- Wenn nein, was habe ich aufgeschoben? Warum?
- Wie war das Verhältnis zu meinem Umfeld?
- Was habe ich morgen vor?
- Wann soll es erledigt werden?
- Wie kann ich es am besten tun?

Info

Struktur im Alltag

Das Führen eines Tagebuches ist ein ausgezeichnetes mentales Training. Die Kinder lernen, zwischen Wichtigem und Unwichtigem zu unterscheiden, und schaffen es bald, ihren Alltag selbst zu strukturieren. Sie sortieren die einzelnen Aufgaben nach ihrer Wichtigkeit und wissen, was von ihnen erwartet wird. Zunächst brauchen sie allerdings noch Anleitung und Hilfe. Das gilt besonders bei jüngeren Kindern. Beginnt Ihr Kind zum Beispiel bereits mit sieben Jahren mit seinen Aufzeichnungen, benötigt es mindestens zwei Jahre lang Ihre Betreuung und Beratung. Beachten Sie bitte auch, dass ein solches Tagebuch immer etwas sehr Individuelles ist. Kinder sind unterschiedlich und formulieren dementsprechend. Einige berichten detailliert, andere lieber kurz und knapp. Die Kinder dürfen alles eintragen, was sie bewegt und was ihnen wichtig erscheint. Das können auch Bilder oder Geschichten sein.

Leitfaden für ein Trainingstagebuch im Sport

Klare Fragen stellen

Zum Schluss möchte ich Ihnen am Beispiel Sport zeigen, wie ein solches Tagebuch konkret aussieht. Dabei kommt es vor allem auf klare Fragen an, die über die Technik und die Gefühle während des Trainings Aufschluss geben.
Diese Fragen können lauten:

- Wie war die Vorbereitung auf das Training (Aufwärmprogramm)?

Trainingsbeginn:

- Wie hast du dich gefühlt?
- Wie war deine Motivationslage (gut erholt, frisch oder eher abgespannt)? Warum?

Trainingsinhalte:

- Was war wichtig?
- Was hast du gelernt?
- Hattest du ein Aha-Erlebnis?
- Was waren deine fünf besten Aktionen?
- Wie war deine Konzentration?
- Bist du in den Flow gelangt?

Trainingsende:

- Was könntest du allgemein besser machen?
- Was möchtest du ganz konkret verbessern?
- Wie ist dein Gefühl nach dem Training?
- Hast du alles gegeben? Wenn nicht, warum?
- Was hat gestört?
- Was nimmst du dir für das nächste Training vor?

Die Eintragungen sehen dann zum Beispiel so aus:

- Wie war die Vorbereitung auf das Training?
  «Ich war schon früher in der Halle als sonst und habe ganz allein angefangen, mich aufzuwärmen. Dabei habe ich versucht, mich an die Übungen zu erinnern, die wir sonst mit dem Trainer machen. Am Anfang wusste ich nicht, was ich machen soll, aber als ich dabei war, ist mir immer mehr eingefallen.»

Trainingsbeginn:

- Wie hast du dich gefühlt?
  «Als dann alle da waren, haben wir uns erst mal über Schule und so unterhalten. Ich habe gemerkt, dass ich nicht mehr ganz so konzentriert war. Trotzdem waren meine Muskeln ganz toll aufgewärmt.»

- Wie war deine Motivationslage (gut erholt, frisch oder eher abgespannt)? Warum?
  «Ich war total motiviert und hatte Lust aufs Training. Ich wusste nämlich schon, worauf ich achten wollte und war voll gespannt, ob mir das gelingt. Mein Körper hat sich fit angefühlt.»

Trainingsinhalte:

- Was war wichtig?
  «Heute wollte ich so schnell und genau spielen wie möglich. Ich musste deshalb den Ball gut im Auge haben und die Beine richtig bewegen. Und natürlich das richtige Gefühl in den Ball legen. Ganz schön viel auf einmal!»

- Was hast du gelernt?
  «Ich muss ein bisschen geduldiger sein.»

- Hattest du ein Aha-Erlebnis?
  «Nicht so richtig. Aber ich habe gemerkt, dass der Ball viel weiter fliegt, wenn ich beim Schlag länger unten bleibe.»

- Was waren deine fünf besten Aktionen? Wie war deine Konzentration?
  «Wir haben ganz viel Rhythmustraining gemacht, und dabei habe ich total oft das Ziel erreicht. Weiß aber nicht, wie viele Male genau. Ich glaube, wenn meine Ausdauer besser wäre, könnte ich ganz lange so genau spielen.»

- Bist du in den Flow gelangt?
  «Nein, denn die anderen haben so viel rumgealbert. Vielleicht klappt es ja beim Einzeltraining.»

Trainingsende:

- Was könntest du allgemein besser machen?
  «Ich will immer alles ganz schnell ganz richtig machen. In meinem Kopf sehe ich, wie es aussehen soll, aber ich kriege es einfach nicht hin. Das macht mich wahnsinnig.»

- Was möchtest du ganz konkret verbessern?
  «Meine Kondition! Ich muss mich öfters runterfahren, zum Handtuch gehen und immer schön viel trinken. Außerdem möchte ich dem Trainer besser zuhören und mich nicht so viel über mich ärgern.»

- Wie ist dein Gefühl nach dem Training? Hast du alles gegeben? Wenn nicht, warum? Was hat gestört?
  «Total gut! Ich war nämlich motiviert und hab mir ganz viel Mühe gegeben.»

- Was nimmst du dir für das nächste Training vor?
  «Morgen trainiere ich mehr Aufschläge und Returns. Am Wochenende ist schließlich das Turnier.»

- Individuelle Fragen, eigener Kommentar:
  «Ich mach die alle platt!!! Und wenn ich doch verliere, habe ich garantiert besser ausgesehen als meine Gegner.»

Mit Hilfe des Tagebuches gehen Kinder viel bewusster mit ihrem Training um. Über die Beschäftigung mit dem Gelernten und Erlebten wird ein erweiterter Lernprozess in Gang gesetzt, der den Fortschritt und den Entwicklungsprozess beschleunigt. Wichtig ist allerdings, dass wirklich jede Trainingseinheit ins Tagebuch aufgenommen wird, da der gewünschte Effekt nur durch die ständige Reflexion entsteht.

Handlungspläne geben Sicherheit

Lösung durch Überlegen

Ein mental starkes Kind wird auch in ungewohnten oder neuen Situationen nicht verzweifeln. Stattdessen bleibt es ruhig und versucht, eine Lösung für das Problem zu finden. Reaktionen dieser Art kann man allerdings nur unter bestimmten Voraussetzungen erwarten: Das Kind muss ein gutes Selbstbild haben und davon überzeugt sein, dass sich die Sachlage durch Überlegen lösen lässt. Damit Kinder in unerwarteten Situationen den Kopf bewahren und erst einmal nachdenken, ist es notwendig, dass die Eltern sie darauf vorbereitet haben. Sprechen Sie zum Beispiel mit Ihrem Kind darüber, wie es sich in bestimmten Fällen verhalten wird.

Was tue ich wenn:

- ich den Bus verpasse?
- ich meine Hefte verloren habe?
- mich andere Kinder ärgern?
- ich hinfalle und mich verletze?

Ruhe bewahren

Sie können sich sicher vorstellen, dass jeden Tag unzählige unerwartete Ereignisse möglich sind. Jedes einzelne davon mit Ihrem Kind durchzugehen wäre ein völlig hoffnungsloses Unterfangen. Aber trotzdem: Wenn Ihr Kind weiß, wie es sich in einer der angesprochenen «Standardsituationen» verhalten soll, wird es auch in anderen Fällen ruhig bleiben und versuchen, sich selbst aus der Bredouille zu bringen. Dabei spielt es keine Rolle, ob es um Schule, Sport oder Alltag geht. Auch hier gilt, dass sich jedes Kind anders verhält. Was das eine aus der Ruhe bringt, stellt für das andere vielleicht eine alltägliche Situation dar. Versuchen Sie daher herauszufinden, was von Ihrem Kind als kritisch wahrgenommen wird und was nicht. Auf den Sport bezogen könnte das zum Beispiel ein Fehlpass sein, eine ungerechte Entscheidung des Schiedsrichters, laute Zuschauer, ein unfairer Gegner oder vieles andere mehr.

Handlungspläne erstellen

In allen diesen Fällen kommt es darauf an, trotz Störfaktor eine möglichst gute Leistung abzurufen. Die Ursachen für die kritischen Situationen fallen ebenfalls völlig unterschiedlich aus. Hier spielen sowohl externe Faktoren (Wetter, Zuschauer, Material) als auch interne (körperliche Probleme, Schmerzen) eine Rolle. Diesen verschiedenen Umständen können Sie ganz einfach vorbeugen: Erstellen Sie gemeinsam mit Ihrem Kind klare Handlungspläne. Üben Sie optimale Verhaltensweisen, indem Sie unterschiedliche Situationen nachstellen.

Was tue ich bei einer Fehlentscheidung des Schiedsrichters?

Während eines Tennismatches fällt zu einem sehr ungünstigen Zeitpunkt eine Fehlentscheidung des Schiedsrichters. Jetzt ist ein hoher Grad an Konzentration wichtig, um das Match doch noch zu gewinnen. Durch das Schiedsrichterurteil liegen die Nerven aber erst recht blank. Innerhalb kurzer Zeit fallen nun mehrere Aufgaben an: Der Spieler muss die Aufgeregtheit reduzieren, die Fehlentscheidung akzeptieren, den Blick nach vorne richten, neue Motivation gewinnen und selbstbewusst eine konzentrierte Haltung annehmen. Ohne Training ist dies nicht möglich – Zeit für einen vorher einstudierten Handlungsplan.

In den kurzen Pausen während des Matches tue ich Folgendes:

- Beruhigen: Ich drehe mich um und entferne mich vom Geschehen, laufe zum Handtuch und atme ganz ruhig.
- Das Handtuch wirkt wie eine Erholungsoase.
- Meine Konzentration richtet sich nach innen.
- Immer noch mit dem Rücken zum Platz verlagere ich mein Gewicht auf ein Bein. Ich versuche mich zu zentrieren, indem ich bewusst meine Körpermitte spüre.
- Auf diese Weise bekomme ich ein gutes Körpergefühl.
- Die Bereitschaft zum Weitermachen stellt sich langsam wieder ein.
- Durch positive Selbstgespräche baue ich neues Selbstbewusstsein auf. Ich weiß, was ich kann, und vertraue darauf.
- Zum Schluss klatsche ich mir zur Aktivierung aufs Bein und pushe mich durch lautes Schreien (z. B. «Come on!»).

Je früher Kinder lernen, mit unerwarteten Situationen umzugehen und bestimmte Strategien zu entwickeln, desto leichter fällt es ihnen auch im Erwachsenenalter, Ruhe zu bewahren. Die Strategie des Handlungsplanes ist auf viele Lebensbereiche übertragbar. Kinder, die selbstbewusst aufgewachsen sind, lassen sich später auch von schimpfenden Vorgesetzten nicht so leicht aus der Ruhe bringen. Stattdessen werden sie konzentriert bleiben und rational handeln.

Ü5 Identifiziere dich mit deinem Idol

Kinder suchen sich oft Vorbilder, denen sie nacheifern. Das werden wir uns nun zunutze machen, um die Fähigkeiten und die Persönlichkeit des Kindes gezielt zu stärken. Nehmen wir zum Beispiel Max, der ein eifriger Basketballspieler und großer Fan von Dirk Nowitzki ist. Kein Wunder! Liest man sich die Beschreibung des Deutschen Basketball Bundes über diesen Spieler durch (www.basketball-bund.de), muss man zugeben, dass Dirk Nowitzki das ideale Idol darstellt:

Auf dem Court ist Dirk Nowitzki ein Ausnahmetalent. Für einen Spieler seiner Größe (2,13 Meter) wirft er Körbe wie ein Shooting Guard. Er ist auf mehreren Positionen einsetzbar: Beweglich wie nur wenige große Basketball-Spieler, kann Nowitzki nach einem eigenen Rebound nach vorne dribbeln, den offenen Mitspieler finden oder per Dunking, Korbleger oder Sprungwurf abschließen. Als einziger NBA-Profi ist er in der letzten NBA-Saison in den Top 10 für Punkte und Rebounds gewesen. Fazit: In der Offensive ist Nowitzki nur schwer zu stoppen. [...] In der Defensive hat sich Nowitzki nach harten Lehrjahren zusehends verbessern können. [...]

Trotz seines «Superstar»-Status und trotz der Millionen auf dem Bankkonto ist Nowitzki ein umgänglicher, familiärer Typ geblieben. Ein familiärer Basketball-Junkie, der an sich gar nicht gerne im Mittelpunkt stehen mag. Der Deutsche ist stiller Gründer einer wohltätigen Stiftung für Kinder und engagiert sich öffentlich für den Kampf gegen Drogen.

Als Nächstes fassen wir die im Text beschriebenen Stärken des Athleten zusammen:

Dirk:

- ist auf mehreren Positionen einsetzbar
- findet leicht den offenen Mitspieler
- kann per Dunking, Korbleger und Sprungwurf perfekt abschließen
- ist in der Offensive nur schwer zu stoppen
- ist in der Defensive stark
- ist ein umgänglicher, familiärer Typ

Lassen Sie Ihr Kind die Eigenschaften seines Idols selbst aufschreiben. Natürlich werden sie nicht so formuliert sein wie in diesem Artikel. Das ist aber auch nicht notwendig. Einfache Worte reichen aus. Nehmen wir aber trotzdem an, Max habe die oben aufgeführten Punkte notiert. Nun soll er den Namen seines Vorbilds streichen und durch seinen eigenen ersetzen. Der neue Text lautet also:

~~Dirk~~ MAX:

- ist auf mehreren Positionen einsetzbar
- findet leicht den offenen Mitspieler
- kann per Dunking, Korbleger und Sprungwurf perfekt abschließen
- ist in der Offensive nur schwer zu stoppen
  ist in der Defensive stark
- ist ein umgänglicher, familiärer Typ

Ihr Kind wird genauso begeistert sein wie Max, wenn es plötzlich die Eigenschaften seines Idols im Kleinen an sich selbst entdeckt. Auf einmal fühlt es sich stark und verspürt den unbändigen Wunsch, noch mehr an sich zu arbeiten. Wie heißt also das Vorbild Ihres Kindes?

Konzentration – gewusst wie

Konzentration fördern

Mit den bisher vorgestellten Übungen und Methoden können Sie die mentale Stärke Ihres Kindes ganz gezielt und auf direktem Wege stärken. Indirekt lässt sich diese Wirkung aber noch um ein Vielfaches steigern: durch die Förderung der Konzentrationsfähigkeit. Was hat das eine mit dem anderen zu tun, fragen Sie sich? Nun, ganz einfach: Stellen Sie sich vor, Sie verfügen über eine besondere Fertigkeit, zum Beispiel können Sie besonders gut häkeln. Um Ihr Talent zur Anwendung zu bringen, brauchen Sie aber noch etwas anderes: eine Häkelnadel. Ansonsten können Sie lange auf die neue Gardine fürs Küchenfenster warten.

Aufmerksamkeit lenken

In unserem Fall verhält es sich genauso: Die Konzentration stellt eine Art Werkzeug dar, um die mentale Stärke richtig zu nutzen. Wer nicht in der Lage ist, seine Aufmerksamkeit auf eine bestimmte Aufgabe zu lenken, hat auch nichts von seiner mentalen Stärke. Besonders Kinder lassen sich gerne von ihrem Umfeld ablenken und werden schnell zappelig. Bauen Sie doch einfach kleine Konzentrationsübungen in den Alltag und das tägliche Training ein. Ich bin sicher, Ihr Kind wird mit Feuereifer bei der Sache sein und schnelle Fortschritte machen.

Alles um sich herum vergessen: der Flow-Zustand

Höchste Konzentration

Konzentration bezeichnet die Fähigkeit, über einen gewissen Zeitraum seine bestmögliche Leistung zu erbringen und seine Aufmerksamkeit voll und ganz auf die bevorstehende Aufgabe zu richten. Im Idealfall konzentrieren wir uns sogar so stark, dass wir nichts mehr um uns herum wahrnehmen. Dieser Zustand wird auch *Flow* genannt (von engl. fließen, rinnen, strömen). Flow bedeutet das Gefühl völligen Aufgehens in einer Tätigkeit. Aufmerksamkeit, Motivation und Umgebung treffen in einer Art produktiver Harmonie zusammen und ermöglichen Höchstleistungen. Das ist aber noch nicht alles. Der Psychologe Mihaly Csikszentmihalyi definiert diesen Gipfel der Konzentration folgendermaßen:

- Wir sind der Aktivität gewachsen
- Wir sind fähig, uns auf unser Tun zu konzentrieren
- Die Aktivität hat deutliche Ziele
- Auf die Aktivität folgt unmittelbare Rückmeldung
- Wir haben das Gefühl von Kontrolle über unsere Aktivität
- Unsere Sorgen um uns selbst verschwinden
- Unser Gefühl für Zeitabläufe ist verändert
- Die Tätigkeit wird um ihrer selbst willen ausgeführt

Unbewusster Flow

Besonders häufig tritt Flow bei der Ausübung von Sportarten ein, in denen man aufgeht. Dabei ist völlig unerheblich, ob es sich um «herkömmliche» Disziplinen oder um sogenannte Funsportarten wie Skateboard fahren oder Beachvolleyball handelt. In anderen Bereichen wie Kunst oder Musik ist er ebenfalls ein gern gesehener Gast, denn er produziert einen wahren Schaffensrausch. Der Flow hat nur einen Haken: Er lässt sich nicht willentlich herbeiführen – Bestleistungen auf Knopfdruck wären ja auch zu schön. Vielmehr handelt es sich um einen völlig unbewussten Zustand.

Mein Tipp

So können Sie den Flow-Zustand fördern

- Ablenkungen (TV, Radio) möglichst ausschalten
- Lernumfeld (Schreibtisch) aufräumen
- für einen positiven emotionalen Zustand sorgen (Unwohlsein senkt die Konzentration)
- richtige Ernährung
- allgemein günstige Umfeldbedingungen schaffen

Alle diese Punkte beeinflussen sich gegenseitig.

Aktivierung und Entspannung

Das optimale Spannungsniveau

Der Flow tritt nur unter ganz bestimmten Umständen auf. Zur Verdeutlichung werfen wir einen Blick auf die folgende Abbildung. Sie zeigt eine Kurve zum Spannungsniveau: Wenn wir schlafen, beträgt unser Erregungsgrad 0. Sind wir panisch, befinden wir uns am anderen Ende der Kurve, also bei 100. Das optimale Spannungsniveau, das die Voraussetzung für den Flow darstellt, liegt genau zwischen diesen beiden Extremen. Das funktioniert ein wenig wie eine Glühlampe: Sind wir zu entspannt oder schlafen wir, bekommt sie nicht genug Strom und glüht nur ganz sachte. Bei starker Aufgeregtheit oder Panik hingegen brennt sie durch. Um schön hell zu strahlen, benötigen wir also genau die richtige Strommenge.

«Flow bedeutet völliges Aufgehen in einer Tätigkeit»

Gemütslagen steuern lernen

Wir alle wissen, dass Kinder nur zu gern zwischen beiden Extremen wechseln. Sie sind genauso oft übermüdet wie überaktiviert. Das liegt daran, dass sie nicht in der Lage sind, ihren Gemütszustand schnell anzupassen und zu wechseln. Doch leider richten sich Prüfungen und Wettkämpfe nicht nach den Stimmungen der Kinder. Sie sind daher gezwungen, mit ihren Empfindungen und den daraus resultierenden Handlungen umzugehen.

Wahrnehmungsfähigkeit schulen

Wie können wir unserem Kind nun helfen, ein optimales Spannungsniveau zu erreichen? Ganz einfach: Indem wir seine Wahrnehmungsfähigkeit schulen. Kinder sollten früh ein Gespür für ihren Körper und ihre Empfindungen bekommen. Verschiedene Übungen helfen, darauf aufmerksam zu machen. Wichtig ist hierbei die Frage: Wie hast du dich gefühlt (in einer bestimmten Situation)? Ihr Kind sollte lernen, sich und seine Emotionen möglichst gut zu beobachten. So kann es selbst herausfinden, ob es sich aktivieren oder entspannen muss.

Diese Fragen helfen dabei:

- Wie fühlt sich deine Muskelspannung an?
- Wie nimmst du deine Atmung wahr?
- Wie gut kannst du dich konzentrieren?
- Wie klar sind deine Gedanken?
- Wie ruhig und ausgeglichen wirkst du nach innen und nach außen (in Bezug auf deinen Körper und auf deinen Geist)?
- Beobachte deine Körpersprache. Wie wirkt sie auf dich? Lerne, dich selbst zu beobachten.
- Wann fühlst du dich wie entfesselt?
- Wann befindest du dich im optimalen Spannungsniveau?

Aktiv oder entspannt nach Wunsch

Spannungsniveau beeinflussen

Nachdem Ihr Kind gelernt hat, das eigene Spannungsniveau einzuschätzen, kann es dieses durch Aktivierungs- oder Entspannungsverfahren gezielt beeinflussen. Wenn es sich müde und schlapp fühlt, wird es schließlich genauso wenig Bestleistungen erbringen wie bei zu starker Nervosität. Sowohl zur Aktivierung als auch zur Entspannung finden sich eine ganze Reihe verschiedener Methoden, die sich jeweils in drei Bereiche einteilen lassen:

	Aktivierungsverfahren	Entspannungsverfahren
körperlich	Abklatschen: den eigenen Körper mit der flachen Hand von unten nach oben abklatschen	Progressive Muskelentspannung
	gegenseitiges Wegstoßen	Sauna
	Karate-Stöße/Tritte	Massage
	Seilspringen	lockere Läufe: z. B. Waldläufe, im Anschluss an eine große körperliche Anstrengung
	Steigerungsskippings: kurze Bodenkontakte auf der Stelle, alle 10 Sek. wird der Schnelligkeitsgrad intensiviert	
	Energieriegel	
	Igelball-Massage	
	Reaktionsspiele, Fingerhakeln	
mental	Siegerfaust	Fantasiereise
	Anfeuern per Selbstgespräch	Körperreise
		Autogenes Training
		ein gutes Buch lesen
emotional	japanisches Minzöl	etwas Gutes essen gehen, zu Hause ein schönes Menü zubereiten
	Musikaktivierung	die Seele baumeln lassen: sich auf eine grüne Wiese legen
	Lachen	Freunde besuchen
	Erschrecken	ins Kino gehen
	Urschrei, lautes gelöstes Schreien	
	Anfeuern durch andere, klatschen	
	Schmerz: sich in die Wange oder das Ohrläppchen kneifen	
	kaltes Wasser	
	Aktivierungsbild: sich etwas Anspornendes vorstellen, z. B. einen Tiger, der zum Sprung auf seine Beute ansetzt	

Tauchgang ins Reich der Fantasie

Unternehmen Sie mit Ihrem Kind einen Ausflug in die Fantasie und sammeln Sie so Kraft und Energie für den weiteren Tagesablauf. Fantasiereisen sind Ausflüge in die Welt der Träume. Sie wirken wie ein kleiner Urlaub und verschaffen dem Kind eine Auszeit vom Alltagsgeschehen. Selbst wir Erwachsenen ertappen uns oft bei Tagträumen. Auf diese Weise fordert uns unser Gehirn ganz automatisch zum Abstandnehmen auf.

Die Durchführung ist denkbar einfach: Ihr Kind setzt sich gemütlich auf einen bequemen Stuhl oder auf eine kuschelige Matratze und schließt die Augen. Dann beginnen Sie, eine Geschichte vorzulesen oder zu erzählen. Sie können sich selbst etwas ausdenken, oder Sie greifen zu einem Buch. Auf der nächsten Seite gibt es auch einen Beispieltext. Nehmen Sie sich zuvor ein paar Minuten, um sich gemeinsam auf diese Reise in die Traumwelt einzustimmen. Sprechen Sie in einem langsamen Tempo und lassen Sie dem Kind Zeit, eigene Bilder im Kopf zu entwickeln. Die Geschichte sollte mit ruhiger Stimme erzählt werden. Anschließend benötigt Ihr Kind etwa fünf Minuten, bis es wieder ganz wach ist.

Ü6 Fantasiereise

Mein Freund, der kleine Hase

Du liegst in deinem Zimmer im Bett und schaust dich um. Alles liegt an seinem Platz, so wie du es am liebsten hast. Dein Lieblingskuscheltier, ein kleiner Hoppelhase schaut dich ganz lieb an und zwinkert dir zu. Verwundert beobachtest du, wie er langsam auf dich zukommt und dir sanft «Hallo» sagt.

«Hallo», antwortest du leise.

«Ich wollte dich schon immer mal ansprechen», sagt der kleine Hase, «aber du warst immer so beschäftigt, ich habe mich nicht getraut».

«Du kannst ja sprechen!», erwiderst du.

«Ja, ich kann sprechen und ich würde dir gerne das Land zeigen, aus dem ich komme. Siehst du das Bild mit der großen Wiese an der Wand? Kannst du die schönen Blumen sehen? Komm, gib mir deine Hand, und lass uns dorthin laufen!»

Plötzlich wird das Bild immer größer. Du hältst deinen Freund fest an der Hand und ihr lauft Richtung Wiese. Der wunderbare Duft der Blumen überwältigt dich. Die Sonnenstrahlen berühren sanft deine Haut und der Wind streichelt dein Haar. Deine Füße berühren die Grashalme, ein sehr angenehmes Gefühl. Du bist vollkommen entspannt.

Ihr geht noch ein paar Schritte und bleibt mitten auf einer Lichtung stehen.

«Das ist mein Lieblingsplatz», sagt der kleine Hase, «hier kann man so gut die Ruhe genießen.»

Alles ist still, du spürst nur einen angenehmen Windhauch.

«Leg dich einen Moment hin», fordert dich der kleine Hase auf.

Deine Arme und Beine werden ganz schwer und du lässt dich ins weiche, wunderbar duftende Gras fallen. Du schließt die Augen, nimmst deinen kleinen Freund in die Arme und lauschst der Ruhe.

Der kleine Hase flüstert dir zu: «Du bist ganz ruhig und entspannt, ganz ruhig und entspannt.»

Du spürst, wie neue Kraft durch deinen Körper fließt und wie entspannt du bist. Du spürst deinen Atem, der ruhig und regelmäßig deinen Brustkorb bewegt. Ganz ruhig und entspannt ...

Nach einer kurzen Weile flüstert dir der kleine Hase leise zu: «Nun ist es aber Zeit, wieder nach Hause zu gehen.»

Ein Schmetterling huscht an deiner Nase vorbei und fordert dich auf, wieder aufzustehen. Du bist voller Energie und Kraft. Das Aufstehen fällt dir ganz leicht. Du hältst den kleinen Freund fest an deiner Hand. Ihr hüpft glücklich durchs Gras. Mit einem Satz springt ihr gemeinsam aus dem Bild an der Wand heraus.

Nun bist du wieder da, hellwach und voller Tatendrang. Dein kleiner Freund, der Hase sitzt wie vorher an seinem Platz. Du schaust ihn an und zwinkerst ihm zu.

Unterwegs mit Blutkörperchen

Den Körper wahrnehmen

Die Körperreise läuft ganz ähnlich ab wie die Fantasiereise, allerdings geht es dabei neben der Entspannung auch um Körperwahrnehmung. Der vorgelesene oder vorgetragene Text verfolgt die Reise eines roten Blutkörperchens durch den Körper. Auch hier sollte sich das Kind gemütlich hinlegen, ganz egal ob auf einem Bett, einer Matte oder einer schönen Wiese im Park.

Mein Tipp

Leitsätze nach der Körperreise

Am Ende der Körperreise ist das Kind völlig entspannt und aufnahmefähig für verschiedene Leitsätze. Überlegen Sie sich zuvor, in welchem Bereich Ihr Kind Probleme hat, und wählen Sie eine entsprechende Formulierung. Hat es diesen Satz erst einmal verinnerlicht, kann es ihn in Wettkämpfen, Prüfungen oder ähnlichen Situationen als «Mantra» zur Beruhigung anwenden. Beispiele sind:

Ich bin ruhig und ausgeglichen in jeder Situation.
Ich atme ruhig und gleichmäßig.
Ich bewege mich schnell und energiegeladen.
Ich kämpfe von der ersten bis zur letzten Sekunde.
Ich liebe den Stress.
Ich liebe die kritischen Situationen.
Ich bin auf alle Situationen vorbereitet.
Ich verarbeite jede Niederlage positiv.
Ich verarbeite jeden Sieg in aller Ruhe.
Ich schätze mein Umfeld.
Ich ernähre mich bewusst.

Ü7 *Körperreise*

Ein rotes Blutkörperchen befindet sich mitten in deinem Herzen. Dort beginnt es seine Reise. Es wandert aus dem Herzen hinaus, hoch zur linken Schulter. Durch das Schultergelenk geht es deinen Arm hinab zum Ellenbogengelenk. Dort wandert es weiter, vorbei am Handgelenk zum linken Daumen. Aus dem linken Daumen wieder hinaus, wandert es weiter zum Zeigefinger. Der Zeigefinger fühlt sich ganz warm an. Vom Zeigefinger geht es zum Mittelfinger. Dieser begrüßt das Blutkörperchen und lässt es weiter zum Ringfinger ziehen. Anschließend eilt das Blutkörperchen zum kleinen Finger. «Hallo Blutkörperchen», sagt der kleine Finger vergnügt. «Hab' keine Zeit», erwidert das Blutkörperchen.

Flink setzt es seine Reise fort. Über das Handgelenk hoch zum Ellenbogen. Am Ellenbogen vorbei wieder in die linke Schulter. Aus der Schulter hinaus und aufwärts zum Hals. Durch den Hals am linken Ohr vorbei zur linken Schläfe. Alles fühlt sich wohlig warm an. An der Schläfe vorbei huscht das Blutkörperchen über die Stirn, wandert durch die Nase, kommt zurück in die rechte Stirnhälfte und wandert den Hals wieder hinab. Am Halsende angekommen wendet es sich zur rechten Schulter.

Durch das Schultergelenk geht es wieder hinab, diesmal zum rechten Ellenbogen. Dort wandert das Blutkörperchen weiter, erreicht das Handgelenk und schließlich den rechten Daumen. Aus dem Daumen wieder hinaus wandert es weiter durch die anderen Finger: Zeigefinger, Mittelfinger, Ringfinger und schließlich in den kleinen Finger.

Als Nächstes geht es über das Handgelenk hoch zum Ellenbogen. Am Ellenbogen vorbei wieder in die rechte Schulter. Aus der Schulter hinaus zieht das Blutkörperchen seine Bahn an der Körperaußenseite, an allen Rippen vorbei zur Taille. Am Becken vorbei wandert es zum rechten Hüftgelenk. Das Blutkörperchen begrüßt das Oberschenkelgelenk, setzt seinen Weg fort, den Oberschenkel hinab, und erreicht schließlich das rechte Knie. Das Knie fühlt sich wohlig warm an. Hinab durch die rechte Wade zum Fußgelenk. Während es sich weiter Richtung kleiner Zeh bewegt, hinterlässt es ein warmes Gefühl an der Fußaußenseite. Der kleine Zeh freut sich schon und genießt das vom Blutkörperchen ausgelöste Kribbeln. Sorgfältig setzt das rote Blutkörperchen seine Reise fort und lässt keinen Zeh aus. Als es schließlich am großen Zeh ankommt, wandert es wieder zurück ins Fußgelenk.

Durch das Kniegelenk hindurch gelangt das Blutkörperchen zum Oberschenkel. Am rechten Oberschenkelgelenk vorbei geht es links ab, an den Leisten vorbei durch das linke Oberschenkelgelenk. Auch hier hinterlässt es ein angenehmes warmes Gefühl. Durch das Knie hindurch eilt es zur Wade hinab. Durch das linke Fußgelenk erreicht es schließlich die Ferse. Dieses Mal setzt es seine Reise durch die Fußinnenseite fort und gelangt so als Erstes in den großen Zeh. Auch hier durchwandert es nacheinander alle fünf Zehen und wärmt sie. Am kleinen linken Zeh angekommen geht es schon wieder aufwärts zurück zur Ferse und zum Fußgelenk. Hinauf durch die Wade zum Knie kitzelt es auch dieses Mal die Oberschenkelmuskulatur. In der linken Hüfte angekommen wandert es wieder zur Taille und durchquert alle Rippen. An der linken Achsel macht es eine schnelle Wende nach rechts und fliegt zielstrebig zurück ins Herz.

Ü8 *Progressive Muskelentspannung*

Das Prinzip der Progressiven Muskelentspannung ist einfach. Verschiedene Muskelpartien werden angespannt und nach kurzer Zeit wieder losgelassen. Durch den Vergleich mit der vorherigen Anspannung wird die eintretende Entspannung sehr viel intensiver wahrgenommen. Dieses Verfahren lässt sich ganz leicht durchführen. Das Kind setzt sich zunächst auf einen Stuhl oder legt sich auf eine Matte. Wenn Sie möchten, können Sie im Hintergrund leise Entspannungsmusik mitlaufen lassen. Schließlich beginnen Sie, im langsamen Rhythmus einen speziellen Text mit Anweisungen vorzulesen.

Auf meiner Website habe ich Ihnen ein schönes Beispiel für einen Text als Download bereitgestellt. Sie finden ihn unter:

Download

www.kinder-ganz-stark.de

Viel Spaß beim Entspannen!

Ü9 Zusammen ein leckeres Menü vorbereiten

Wie oft erledigen wir das Kochen einfach so nebenbei? Und wie oft empfinden wir es sogar als lästige Pflicht? Dabei kann Kochen ein Erlebnis sein, das alle Sinne anregt und den Alltagstrott unterbricht – selbst wenn man wenig Zeit hat. Zeigen Sie Ihrem Kind, welche Freude allein das Vorbereiten einer Mahlzeit oder das Backen von Plätzchen mit sich bringt. Dafür benötigen Sie weder ein ausgefallenes Rezept noch exotische Zutaten. Viel wichtiger sind Sorgfalt, Aufmerksamkeit und Liebe zum Detail. Auf diese Weise zaubern Sie nicht nur ein leckeres Gericht, sondern entspannen gleichzeitig sich und Ihr Kind. Die gemeinsame Aktivität sorgt außerdem für eine besondere emotionale Bindung zwischen Ihnen.

Hier gibt es noch mehr Flow

Als Nächstes präsentiere ich Ihnen eine weitere Möglichkeit, den Flow systematisch zu fördern: die Flow-Pyramide. Sie besteht aus vier Stufen: Körperwahrnehmung, Körpergefühl, Bewegungsgefühl und Flow. Das regelmäßige Training der unteren drei Stufen trägt dazu bei, häufiger die Spitze der Pyramide, also den Flow selbst, zu erreichen.

Mit der Flow-Pyramide zum Erfolg

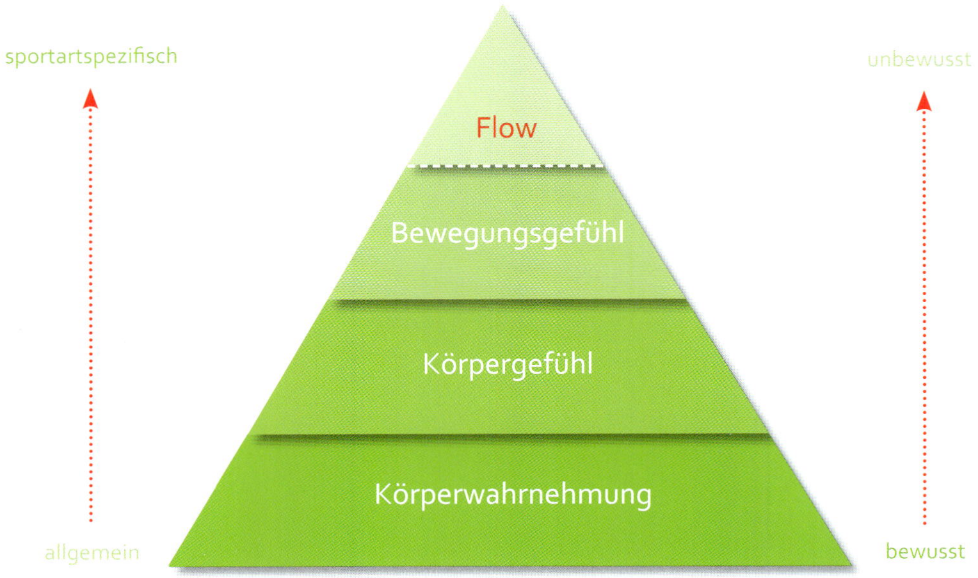

Ü10 Übungen zur Körperwahrnehmung

Achtsamkeitsübung:

«Stell dich stabil hin, die Füße stehen ungefähr schulterbreit auseinander. Schließe die Augen und versuche, den Stand zu beschreiben. Stehst du stabil oder eher wackelig? Finde deine Körpermitte und atme ganz ruhig aus und ein. Wie fühlt sich deine Atmung an? Ist sie ruhig und fließend?

Richte deine Aufmerksamkeit nun auf das rechte Bein. Wie fühlt es sich an? Ist die Muskulatur locker und entspannt? Und im linken Bein? Sind dort alle Muskeln locker und entspannt? Wie fühlt sich der Rücken an? Sind die Muskeln locker und entspannt? Ist der Rücken beweglich, aufrecht und gerade? Was ist mit Bauch und Brust? Fühlen sich die Muskeln locker, beweglich und entspannt an? Wie fühlt sich der rechte Arm an? Ist die Muskulatur locker und entspannt? Was ist mit dem linken Arm? Sind alle Muskeln dort locker und entspannt?»

Wackelbrettübungen

- auf beiden Beinen, mit geschlossenen Augen, auf einem Bein, sportartspezifische Bewegungen simulieren (z. B. mit Ball)

Auf dem Wackelbrett mit dem Balancier-Ei: Aufmerksamkeit auf die Körpermitte.

Ü11 Übungen für mehr Körpergefühl

Kinder müssen erst lernen, ein Gefühl für den eigenen Körper zu entwickeln, indem sie sich in verschiedenen Situationen entdecken und kennenlernen. Wie reagieren der Körper, der Geist und die Stimmung auf wechselnde Bedingungen? Wecken Sie das Interesse der Kinder für den eigenen Körper. Nur so können sie das Training bewusst und gezielt angehen. Im Abschnitt über Aktivierung und Entspannung habe ich Ihnen bereits zahlreiche Übungen vorgestellt. Sie eignen sich auch ausgezeichnet, um Kindern das eigene Körpergefühl bewusst zu machen.

Ü12 Übungen für besseres Bewegungsgefühl

Eine bestimmte Bewegung, zum Beispiel das Ablaufen einer Strecke, wird unter erschwerten Bedingungen durchgeführt. Der Vergleich mit einem «normalen» Ablauf hilft, dem optimalen Bewegungsgefühl auf die Spur zu kommen. Mögliche Störungen sind:

- blindes Ablaufen einer bestimmten Strecke (Beinbelastung kontrollieren, um gerades Laufen zu ermöglichen)
- Strecken taub laufen (Gehörschutz)
- Laufen mit Gewichten/Glöckchen an Händen oder Füßen
- langsame Bewegungen, Bewegungen in Zeitlupe

Allgemeine Übungen zur Steigerung der Konzentration

Spielerisch Konzentration fördern

Die bisher vorgestellten Methoden dienen vor allem dazu, das spezielle Flow-Gefühl zu fördern. Daneben gibt es jedoch noch eine Vielzahl anderer Möglichkeiten, um die Konzentration allgemein zu verbessern. Die «Austragungsorte» reichen dabei vom Schreibtisch bis hin zum Spielplatz oder der Sporthalle. Hier zeige ich Ihnen die besten Übungen, um spielerisch an der Konzentrationsfähigkeit Ihres Kindes zu arbeiten.

Ü13 Bandsalat

Welche Zahl ist mit welchem Buchstaben verbunden? Ordne zu.

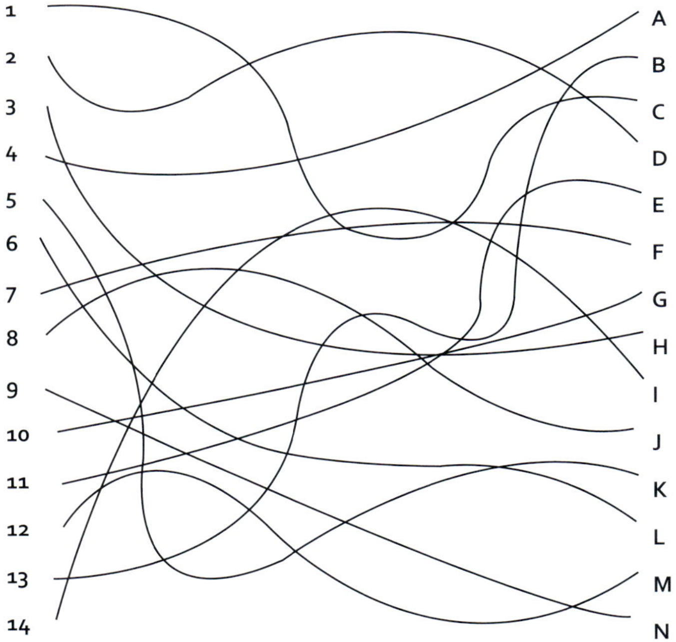

......	......	......	......	......	......	......	......	......	......	......	......	......	......
1	2	3	4	5	6	7	8	9	10	11	12	13	14

Ü14 B gesucht

Altersempfehlung: ab 8 Jahren

Streiche alle «b» innerhalb einer Minute durch.

bdqpdpqdpdqbpdbbqpbqdbdpq
pbdqbdpqdbpqqdbppbddbqdpb
pbdqpdbqdbqpbdqpbdqdbpqpd
bqdbppbdqbbdqpdpqdpdqbpdb
bqbdqpdpqdpdqbpdbbqpbqdbd
pqpbdqbdpqdbpqqdbppbddbqd
pbpbdqpdbqdbqpbdqpbddbpqb

b

Ü15 Kombinierte Übungen

Altersempfehlung: ab 8 Jahren

Konzentrationsübungen für den Schreibtisch sind hilfreich und sinnvoll, sie schulen allerdings nur einen kleinen Teil des Gehirns. Besser ist es, verschiedene Übungen miteinander zu verknüpfen.

Das Kind konzentriert sich auf zwei verschiedene Dinge. Es muss gleichzeitig auf dem Wackelbrett stehen und darauf achten, dass das Balancier-Ei nicht herunterfällt. Sobald das gelingt, kann der Schwierigkeitsgrad erhöht werden – allerdings nicht um eine weitere sportliche Herausforderung. Greifen Sie stattdessen zu einer Konzentrationsübung, die sich für den Schreibtisch eignet. Voraussetzung dafür ist, dass das Kind die Aufgabenart kennt.

Zum Beispiel können Sie den bereits vorgestellten «Bandsalat» auf ein großes Blatt kopieren oder zeichnen und dem Kind auf dem Wackelbrett zeigen. Nun soll es die einzelnen Buchstaben und Zahlen laut einander zuordnen. Eine weitere Möglichkeit ist, das Kind leichte Rechenaufgaben lösen zu lassen. Wählen Sie eine Anfangszahl. Danach rufen Sie eine neue Zahl nach der anderen, die addiert oder subtrahiert werden soll (+ 7, -3 usw.). Das Kind antwortet prompt mit dem Ergebnis.

Diese Form von Training setzt viele Reize und verschiebt Grenzen. So können die Kinder spielerisch ihre Konzentrationsfähigkeit verbessern und ihr Denkvermögen steigern.

Die richtige Aufmerksamkeitslenkung

Äußere und innere Reize

Neben der Konzentration kommt es bei einer Aufgabe vor allem darauf an, seine Aufmerksamkeit richtig zu lenken. In verschiedenen Situationen können Reize aller Art auf uns wirken. Diese Störungen treten, wie etwa Lärm, unvorhergesehen auf oder gehören zur jeweiligen Tätigkeit dazu, zum Beispiel die Ablenkung durch den Gegner im Tennis. Jetzt kommt es darauf an, seine Hauptaufgabe, etwa den eigenen Aufschlag oder einen Torschuss, trotzdem genau und fokussiert durchzuführen. Und dann gibt es da noch die Zuschauer, die laut rufen oder sich gar bewegen und damit die Aufmerksamkeit des Sportlers auf sich ziehen. Für weitere Ablenkung sorgen unter Umständen die inneren Reize des Spielers selbst, zum Beispiel durch Schmerzen im Fuß.

«Aufmerksamkeit funktioniert wie ein Scheinwerfer»

Auf Wichtiges konzentrieren

Bei all diesen unterschiedlichen Informationsquellen verwundert es nicht, wenn die eigentliche Aufgabe (Konzentration auf den nächsten Schlag) zeitweilig in den Hintergrund tritt. Trotzdem kehrt die Aufmerksamkeit ganz automatisch zu ihr zurück, sobald die Ablenkungen nachlassen. Die Aufmerksamkeit funktioniert dabei wie der Lichtkegel eines Scheinwerfers: Die angestrahlten Informationen leuchten auf, während die übrigen im Dunkeln bleiben.

Je nachdem, worauf die Aufmerksamkeit gerichtet wird, kann man vier Konzentrationsarten unterscheiden:

- **außen-eng**: ein entfernter Punkt in der Umgebung
- **außen-weit**: die gesamte Umgebung
- **innen-eng**: ein bestimmter Punkt im eigenen Körper
- **innen-weit**: der komplette eigene Körper

Ü16 Übungen zur Aufmerksamkeitslenkung

• **Außen-eng**: Zielwurfübungen, Konzentrationspunkt

Aus einer Entfernung von etwa fünf Metern wird versucht, den Ball in die Kiste zu werfen. Zuerst wird das Ziel (die Kiste) fokussiert, dann Ball und Hand. Neben der Aufmerksamkeit fördert diese Übung auch das Ballgefühl.

• **Außen-weit**: «Fotografieren», Orientierung

Verschiedene Objekte werden willkürlich auf dem Boden verteilt. Die Kinder stehen mit dem Rücken zu diesen Dingen und halten die Augen geschlossen. Auf Kommando drehen sie sich um, auf ein weiteres Kommando öffnen sie für ein bis zwei Sekunden die Augen. In dieser kurzen Zeit versuchen sie, sich die Lage der Gegenstände möglichst genau einzuprägen. Auf ein drittes Kommando schließen sie die Augen wieder und drehen sich in die Ausgangsposition zurück. Anschließend zählen sie auf, welche Dinge wo liegen.

Steigerung: Lassen Sie die Kinder nicht nur aufzählen, sondern fragen Sie nach Details. Welche Farbe hat der Ball? Was liegt neben dem Springseil? Diese Übung fördert das schnelle Erfassen von Spielsituationen: Wo gibt es eine Lücke? Wo steht mein Gegenspieler?

• **Innen-eng**: Atemzüge zählen, Achtsamkeit (s. S. 138). Übungen dieser Art steigern nicht nur die Konzentration, sondern fördern Körperwahrnehmung und Körpergefühl. Gleichzeitig haben sie eine entspannende Wirkung.

Atemzüge zählen:

- Tief einatmen und dabei langsam bis vier zählen
- Atem anhalten und erneut bis vier zählen
- Ganz langsam ausatmen und dabei bis acht zählen

Je nach Gefühl und Anspannungsgrad kann die Übung 2 bis 3 Mal wiederholt werden.

• **Innen-weit:** Gleichgewichtstraining, Geschwindigkeiten präzise steuern lernen

Auf beiden Beinen, auf einem Bein oder mit geschlossenen Augen versuchen die Kinder, das Gleichgewicht auf dem Wackelbrett zu halten. Diese Übung fördert die Konzentration und erhöht die Stabilität des Körpers. Da man bei Gleichgewichtsverlust rasch gegensteuern muss, trainiert man gleichzeitig auch die Reaktionsfähigkeit.

• **Umschalten zwischen zwei Informationsquellen:** Zielwurfübungen auf dem Wackelbrett

Neben den Konzentrationsarten selbst lässt sich auch das schnelle Umschalten zwischen diesen trainieren. Im Beispiel links wird versucht, vom Wackelbrett aus den Korb zu treffen. Dabei muss ununterbrochen zwischen innen-weit (Balance halten) und außen-eng (Fokus auf das Ziel) umgeschaltet werden.

• **Reaktionstraining:** Hier kommt es darauf an, schnell mit einer bestimmten Handlung auf ein festgelegtes Signal zu reagieren, zum Beispiel ein Geräusch oder eine Farbe.

In dem gezeigten Beispiel sind dies verschiedenfarbige Bälle. Das Kind steht mit dem Rücken zum Trainer, der die Bälle zwischen den Beinen des Kindes nach vorne rollt. Bei einem blauen Ball muss es so schnell wie möglich laufen und ihn innerhalb von fünf Metern erreichen. Kommt ein roter Ball angerollt, bleibt es stehen. Diese Übung fördert die Konzentration, die Reaktion und die Schnelligkeit. Wichtig für die Durchführung ist eine entsprechende Körperspannung.

Aus Ernst wird Spaß

Einige der vorgestellten Übungen mögen Außenstehenden ein wenig einfach und unspektakulär scheinen. Ich möchte Sie jedoch bitten, sie ernsthaft zu verfolgen, denn sie bewirken eine ganze Menge! Die Kinder merken selbst, dass sie konzentrierter und ausgeglichener sind. Regelmäßig durchgeführt spiegelt sich dieses Training sogar in den Wettkampfergebnissen wider. Der Erfolg bildet einen zusätzlichen Motivationsfaktor – sowohl für die Konzentrationsübungen selbst als auch für die Teilnahme an Turnieren. Auf eine Formel gebracht könnte man sagen:

Trainingsernst = Leistungssteigerung = Spaß

Das Wichtigste auf einen Blick

- Trainieren Sie systematisch die mentale Stärke Ihres Kindes
- Zur Förderung der mentalen Stärke steht eine Vielzahl von Techniken zur Verfügung
- Ermuntern Sie Ihr Kind zum Führen eines Erfolgstagebuches
- Aktivierungs- und Entspannungsmethoden helfen, bessere Leistungen abzurufen

6 Koordination hält Ihr Kind im Gleichgewicht

- Warum Koordinationstraining?
- Kleines Trainingsprogramm für die Sporthalle
- Koordinationsschule für zu Hause

Warum Koordinationstraining?

Der perfekte Bewegungsablauf

Jeder Einzelne von uns verfügt über Millionen von Nervenbahnen – mehr als wir uns überhaupt vorstellen können. Für einen perfekten Bewegungsablauf müssen Vernetzung und Zusammenspiel dieser Unmengen von Zellen reibungslos funktionieren. Erst die Koordinationsfähigkeit sorgt dafür, dass wir die Balance halten, schnell reagieren oder Bewegungsabläufe sicher durchführen. Aus diesem Grund spielt sie für unsere sportliche Leistung eine ebenso große Rolle wie Beweglichkeit und Ausdauer.

Koordination lässt sich trainieren

Die gute Nachricht: Bei der Koordination handelt es sich nicht um eine angeborene Gabe. Vielmehr lässt sie sich ausgezeichnet trainieren, und zwar in allen Altersgruppen. Das beginnt bereits im Babyalter: Das Kind versucht, nach Gegenständen zu greifen. Hier ist ein wenig Mithilfe durch die Eltern gefragt: Sie müssen sich mit ihrem Baby beschäftigen und entsprechende Hilfsmittel wie Ball oder Rassel bereitlegen. So vorbereitet stellt sich das Kind der größten koordinativen Herausforderung überhaupt: dem Laufenlernen.

Koordination altersunabhängig schulen

In Kapitel 1 habe ich Ihnen gezeigt, dass der beste Zeitrahmen für das Erlernen von Bewegungen im Alter zwischen zwei und fünf Jahren liegt. Doch auch später sollte das Koordinationstraining immer wieder altersunabhängig durchgeführt werden. Leider gibt es in diesem Bereich oft eklatante Unterschiede zwischen den einzelnen Kindern – in der heutigen Zeit stehen einfach nicht mehr so viele Möglichkeiten zur Verfügung, die motorischen Fähigkeiten durch Spielen und Toben im Freien zu schulen. Daher fällt es zunehmend in den Aufgabenbereich der Eltern, ein Auge auf die koordinative Fitness des Nachwuchses zu haben. Natürlich steht hier vor allem der Sport im Vordergrund, aber auch Kunst und Musik bieten Gelegenheit, die Koordination zu schulen. Auf diesem Wege wird außerdem das geistige Leistungsvermögen gestärkt. Die Kinder lernen, mit Nervosität umzugehen und sich besser zu konzentrieren.

«Spielen und Toben im Freien fördert die Motorik»

Beim Koordinationstraining sollten Sie Folgendes beachten:

- Die Übungen sind nur dann erfolgreich, wenn sie Spaß bereiten.
- Der gewählte Schwierigkeitsgrad sollte die Kinder weder über- noch unterfordern und regelmäßig dem aktuellen Leistungsstand angepasst werden:
  - Bei zu leichten Übungen reicht der gesetzte Reiz nicht aus, um die Leistungsfähigkeit zu steigern. Das Kind langweilt sich und verliert schnell die Lust am Training.
  - Bei zu schweren Übungen bleiben Verbesserugen aus, denn das Kind ist nicht in der Lage, die Aufgabe richtig und vor allem erfolgreich auszuführen. Durch dieses frustrierende Erlebnis verliert es ebenfalls den Spaß.

Kleines Trainingsprogramm für die Sporthalle

Nach diesen theoretischen Vorüberlegungen geht es jetzt zur Sache. Hier möchte ich Ihnen nämlich Koordinationsübungen vorstellen, die sich im Laufe meiner langjährigen Trainertätigkeit als ausgesprochen effektiv erwiesen haben. Gleichzeitig helfen sie, die Konzentration auf spielerische Weise zu stärken und so die Nervosität, zum Beispiel vor Wettkämpfen, zu reduzieren. Worauf warten Sie also noch?

Ü17 *Laufparcours*

Errichten Sie einen abwechslungsreichen Laufparcours aus Laufleiter, Minihürden, Hütchen, Steppern und Kopfball.

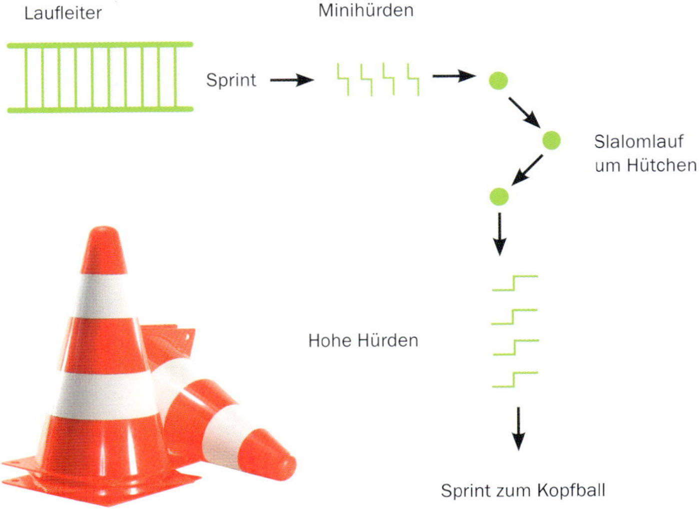

Variation: mit Ball

Ü18 Liegestütz auf dem Ball

Beim Liegestütz werden die Hände auf einem Ball abgestützt (Gymnastik- oder Medizinball). Alternative: Die Hände bleiben auf dem Boden, die Beine liegen auf einem Gymnastikball.

Ü19 Flexibar-Übungen

Die Flexibarstange wird durch Vowärts- und Rückwärtsbewegungen mit beiden Händen in Schwung gebracht. Wer es besonders schwierig mag, stellt sich dabei auf ein Wackelbrett.

Ü20 Gleichgewicht

Die Kinder stehen auf einem Wackelbrett und sollen einen Ball fangen, ohne aus dem Gleichgewicht zu geraten.

Ü21 Im Zickzack durch die Reifen

Legen Sie eine zickzackförmige Reihe aus Reifen auf den Boden. Die Kinder laufen hindurch, setzen immer einen Fuß in den Reifen und wechseln dann die Richtung. Varianten: seitwärts oder rückwärts laufen, Medizinball in der Hand halten.

Reifenlauf

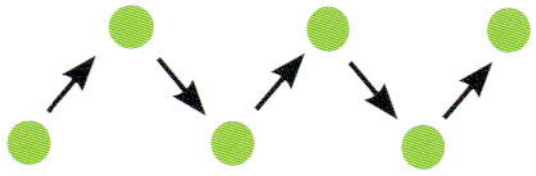

Fuß in Reifen setzen

Variation: Medizinball in der Hand

Ü22 Laufparcours II

Ein weiterer Vorschlag für einen Laufparcours: Zunächst laufen die Kinder willkürlich im Zickzack durch aufgestellte Hütchen. Es folgt ein schneller Sprint durch die Laufleiter. Den Abschluss bildet ein kleiner Reaktionslauf. Hier stehen drei verschiedene Ziele (z. B. Farben) zur Auswahl. Rufen Sie jedem Kind einen Punkt zu («Gelb!»), den es dann sofort anlaufen muss.

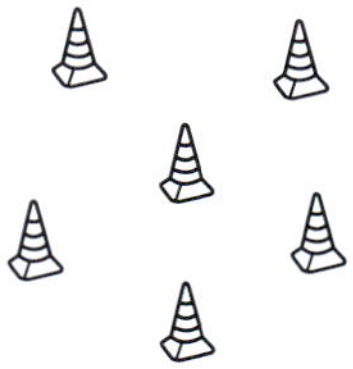

Hütchen
durchlaufen
(Free style)

Laufleiter

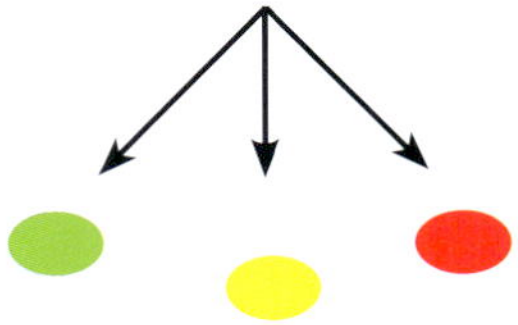

Reaktionssprint
(verschiedene Zielpunkte
anlaufen)

Variation: mit geschlossenen Augen

Ü23 Slalomlauf

Stellen Sie eine Reihe aus Stangen auf. Die Kinder laufen im Slalom hindurch und führen im Anschluss eine Aufgabe, zum Beispiel einen Sprint oder Torschuss, durch. Geübte schließen dabei die Augen oder laufen rückwärts.

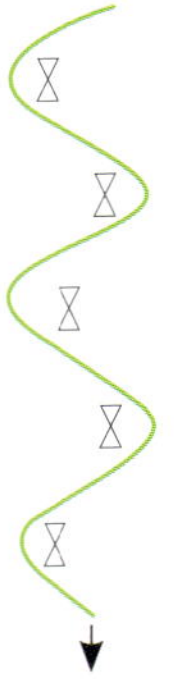

Ü24 Balance auf der Bank

Drehen Sie eine Bank um. Die Kinder prellen darauf einen Ball, abwechselnd mit der linken und rechten Hand. Die Beine setzen im Wechsel auf der Bank auf.

Jonglieren

Mein Tipp

Koordinationstraining strengt an! Früher oder später ist daher eine Pause fällig. Aber wer sagt, dass man dann nur herumsitzen muss? Versuchen Sie es doch mal mit aktiver Regeneration und schlagen Sie das Jonglieren mit drei Bällen vor.

Koordinationsschule für zu Hause

Die bisher vorgestellten Übungen eignen sich vor allem für die Turnhalle und damit für den Sportunterricht oder andere Trainingseinheiten. Doch auch Eltern können mit ihrem Kind an seiner Koordinationsfähigkeit arbeiten. Dafür brauchen Sie weder eine Halle anzumieten noch den Geräteraum der örtlichen Grundschule zu plündern. Die Übungen, die ich Ihnen gleich vorstellen werde, können Sie nämlich bequem zu Hause oder draußen durchführen.

Ü25 *Fingerskateboard*

Bei einem Fingerskateboard handelt es sich sozusagen um ein Skateboard in Miniaturausführung. Es ist relativ günstig zu erwerben. Nun geht es darum, mit diesem Brett in möglichst kurzer Zeit einen Parcours zu überwinden. Dabei darf das Board nur mit zwei Fingern von oben angefasst werden.

Ü26 Farbentastatur

Zunächst benötigen Sie eine Tastatur mit zehn Farben. Am besten basteln Sie diese selbst, dann lässt sich die Übung beliebig variieren. Steht Ihnen eine (alte) Musiktastatur zur Verfügung, bekleben Sie diese einfach mit Abziehbildern. Als Nächstes wird jedem Finger eine der Farben zugeordnet. Auch hier können Sie mit Aufklebern arbeiten, die Sie auf den Fingernägeln anbringen. Alternativ verwenden Sie farbige Fingerhauben. Auf Kommando soll nun eine bestimmte Taste mit dem dazugehörigen Finger gedrückt werden.

Grundübung

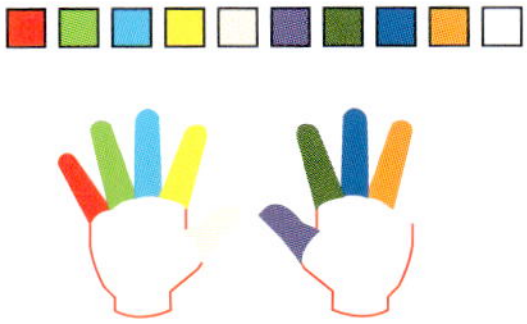

Im nächsten Schritt ordnen Sie jeder Taste zusätzlich eine Zahl zu. Lautet das Kommando nun «2», so muss mit dem grünen Ringfinger die grüne Taste mit der 2 gedrückt werden.

Anschließend können Sie die Reihenfolge der Tastenfarben so verändern, dass sie nicht mehr mit den Farben auf den Fingern übereinstimmt.

Variation Nr. 2

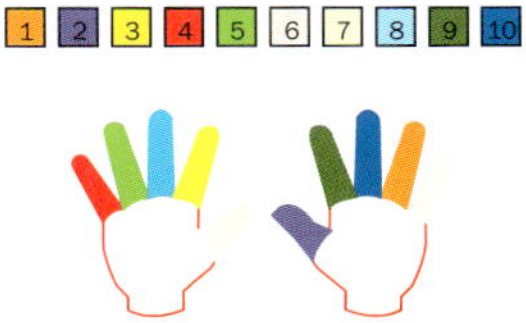

Ü27 Malen mit Fingerfarben

Malen mit Fingerfarben

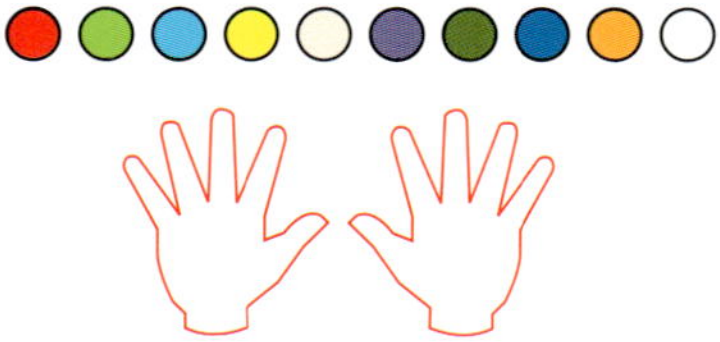

Suchen Sie ein Thema aus, zu dem mit Fingerfarben ein Bild gemalt werden soll. Die Schwierigkeit besteht darin, dass mit allen zehn Fingern gemalt wird, wobei jeder Finger seine eigene Farbe zugeordnet bekommt.

Fingertraining

Fingerübungen lassen sich ausgesprochen leicht durchführen, nämlich sitzend am Schreibtisch. Das mag zwar unspektakulär aussehen, aber trotzdem ist diese Trainingsform ganz besonders wichtig: Allein vierzig Prozent unseres Gehirns beschäftigen sich mit der Steuerung unserer Finger! Auf den ersten Blick unglaublich, oder? Aber schauen Sie sich Ihre Hände mal ein wenig genauer an. Zehn Finger, von denen jeder auch noch mehrere Gelenke besitzt, wollen miteinander koordiniert werden.

Durch diese starke Nutzung des Hirns leistet das Fingertraining einen entscheidenden Beitrag zur geistigen Entwicklung. Besonders positiv wirkt es sich auf das logische Denken aus. Lebenslang durchgeführt kann es sogar Alzheimer vorbeugen.

Ü28 Armkreisen

Das simple Armkreisen lässt sich unendlich variieren. Die Grundbeispiele können immer wieder neu miteinander kombiniert werden. Je mehr Unterschiede es dabei zwischen den Bewegungen der beiden Arme gibt, desto höher ist die geforderte Koordination. Möglichkeiten sind zum Beispiel:

Synchron: Beide Arme bewegen sich gleich schnell, in dieselbe Richtung und mit gleicher Kreisgröße.

Entgegengesetzt: Geschwindigkeit und Kreisgröße bleiben hier gleich, allerdings bewegen sich die Arme jetzt entgegengesetzt (ein Arm vorwärts, der andere rückwärts).

Variation der Kreisgröße: Die beiden Arme werden in unterschiedlichen Kreisgrößen und damit in verschiedenen Geschwindigkeiten bewegt.

Unterschiedliche Bewegungen: Es werden zwei vollkommen unterschiedliche Bewegungen ausgeführt, zum Beispiel kreist der eine Arm, während sich der andere beugt und streckt.

Ü29 *Laufleiter*

Legen Sie eine Strickleiter oder eine spezielle Laufleiter auf dem Boden aus. Alternativ können Sie natürlich auch Stöckchen oder Stäbe verwenden, die die einzelnen Streben markieren. Nun sollen die Kinder mit verschiedenen Lauf- und Sprungtechniken über die Leiter laufen. Dabei dürfen die einzelnen Sprossen nicht berührt werden. Sobald eine ausreichende Präzision erreicht ist, wird die Geschwindigkeit erhöht.

Ü30 Springen

Haben Sie früher auch voller Begeisterung Gummitwist gespielt? Dieses einfache Utensil eignet sich hervorragend zum Training der Beinkoordination. Selbstverständlich können Sie auch andere Hindernisse und Zielflächen aufbauen, über und in die nun mit verschiedenen Sprungtechniken gehüpft werden darf: einbeinig, zweibeinig, mit oder ohne Zwischensprung, per Drehsprung …

Ü31 Laufen und Treten

Die Aufgabe besteht darin, mit einer bestimmten Lauftechnik (geradeaus, rückwärts, einbeinig …) möglichst schnell zwischen mehreren Punkten hin- und herzulaufen. Dabei soll mit den Beinen eine bestimmte Aufgabe erfüllt werden, zum Beispiel Schritt in einen Reifen oder Tritt gegen einen Sandsack.

Ü32 Gegensatzbewegungen

Hier geht es ganz allgemein darum, mit den jeweils entgegengesetzten Gliedmaßen verschiedene Bewegungen auszuführen, also zum Beispiel rechtes Bein nach vorne, gleichzeitig linker Arm nach vorne. Häufige Wiederholungen fördern gleichzeitig auch die Rhythmisierungsfähigkeit.

Ü33 Überkreuzbewegungen

Überkreuzbewegungen erfordern eine gute Koordinationsfähigkeit. Dafür zum Beispiel die linke Hand ans rechte Ohr, gleichzeitig die rechte Hand an die Nase oder das linke Ohr führen.

Ü34 Seilspringen

Seilspringen trainiert in erster Linie die Beine, die positiven Auswirkungen auf die Koordination sind allerdings nicht zu verachten. Das Zusammenspiel von Sprung (Beine) und Seilschwung (Arme) muss schließlich exakt aufeinander abgestimmt sein. Außerdem sind das richtige Timing und ein gleichmäßiger Rhythmus erforderlich, um mehrere Sprünge hintereinander fehlerfrei durchzuführen.

Sobald die Grundtechnik gut klappt, stehen mehrere Variationen zur Auswahl:

- beidbeinig
- einbeinig
- abwechselnd beid- und einbeinig
- vorwärts- oder rückwärtslaufen
- seitwärts
- Doppelschlag
- erhöhte Geschwindigkeit
- Skippings (kurze Bodenkontaktzeit)
- Seil rückwärts drehen
- Arme überkreuzen
- Eine besonders schwierige Variante ist das langsame Schwingen des Seils mit möglichst vielen kleinen Schritten (Tappings) während des Sprunges.

Das Wichtigste auf einen Blick

- Neben Beweglichkeit und Ausdauer spielt die Koordinationsfähigkeit eine große Rolle für sportliche Leistungen
- Beginnen Sie möglichst früh mit verschiedenen Übungen aus diesem Bereich
- Koordinationstraining wirkt sich auch auf die geistige Leistungsfähigkeit Ihres Kindes positiv aus

7 Mental fit in den Wettkampf

- Sieben Faktoren für den Erfolg
- Die eigene Leistung wahrnehmen und vorhersagen
- Positive Selbstgespräche für bessere Wettkampfleistungen

Wissen gibt Sicherheit

Unsicherheit macht nervös

Stellen Sie sich Folgendes vor: Eine Gruppe Kinder befindet sich auf dem Weg zu einem Turnier. Die Aufregung im Bus ist groß. Alle stellen sich dieselben Fragen: «Wie sieht die Halle aus?», «Wer sitzt im Publikum?», «Wie gut sind die anderen Teilnehmer?» Einige Kinder fahren zum ersten Mal mit. Sie fühlen sich besonders unsicher, denn sie kennen die Antworten auf diese Fragen nicht. Die «alten Hasen» in der Gruppe blicken hingegen auf eine beträchtliche Turniererfahrung zurück. Klar, auch bei ihnen macht sich eine leichte Aufregung bemerkbar. Aber da sie wissen, was auf sie zukommt, werden sie längst nicht so nervös wie ihre Mitstreiter.

Mentaltraining als Vorbereitung

Das Wissen um das Bevorstehende beruhigt uns. Aus diesem Grund bereiten sich Musiker intensiv auf das Konzert vor, während Sportler wettkampforientiert trainieren. Wie das funktioniert? Ganz einfach, mit mentaler Wettkampfvorbereitung. Sie ermöglicht ein besseres Abrufen der Trainingsleistungen und erzeugt auf diese Weise mentale Stärke. Natürlich müssen dabei alle Umstände berücksichtigt werden, die in einer solchen Situation auftreten können. Im Alltag wenden viele von uns ähnliche Vorgehensweisen an. Steht uns zum Beispiel ein Vortrag oder Referat bevor, üben wir vor dem Spiegel oder suchen uns sogar einen Zuhörer. Mit Kindern gelingt die optimale Vorbereitung auf ein Turnier ebenfalls ganz leicht. Die wirkungsvollsten Strategien verrate ich Ihnen in diesem Kapitel.

«Zu wissen, was kommt, beruhigt uns»

Mentales Techniktraining

Das mentale Techniktraining spielt eine ganz besondere Rolle bei der Wettkampfvorbereitung. Diese Methode wird zwar vor allem im Sport angewendet, erfreut sich aber auch in anderen

Bessere Bewegungsabläufe

Bereichen, zum Beispiel bei Musikern, zunehmender Beliebtheit. Sie zielt darauf ab, das Erlernen und Ausführen von Bewegungen zu erleichtern und zu verbessern. Dabei kann es sich entweder um einzelne Teilbewegungen oder um komplette Bewegungsabläufe handeln. In beiden Fällen werden klare und eindeutige Handlungspläne benötigt:

- Wie muss eine Bewegung ausgeführt werden?
- Wann wird die Bewegung leicht verändert?
- Wie ist das Zusammenspiel der einzelnen Muskeln?

Steuerungszentrale Kopf

Alle Bewegungen werden natürlich mit unterschiedlichen Körperteilen und Muskeln ausgeführt. Die Steuerungszentrale ist aber immer dieselbe: der Kopf. Er hat das oberste Kommando und entscheidet, was wann getan werden soll. Daraus leitet er Befehle ab, die er an die verschiedenen Muskeln weitergibt. Als Voraussetzung dafür braucht das Gehirn ein exaktes Bild, wie die geplante Bewegung aussieht. Nur wenn es weiß, was gemacht werden soll, kann es auch eine klare Anweisung erteilen.

Info

Was leistet mentales Techniktraining?

Mentales Techniktraining ...
- hilft, neue Techniken zu erlernen,
- ermöglicht Leistungszuwachs auch bei Verletzungen oder während Trainingspausen,
- steigert die Konzentration

Ein Skript für bessere Bewegungsabläufe

Bewegungen detailliert beschreiben

Um bestimmte Bewegungsabläufe zu stabilisieren, steht Ihnen ein einfaches, aber effektives Hilfsmittel zur Verfügung: eine detaillierte schriftliche Beschreibung, das sogenannte Skript. Diese Methode lässt die Befehle an die Muskeln immer klarer werden, wodurch sich die Lernzeit erheblich verkürzt. Zwar dauert es ein wenig, bis das Skript erstellt ist, die Arbeit lohnt sich jedoch auf jeden Fall.

- In einem ersten Versuch beschreibt Ihr Kind einen Bewegungsablauf so genau wie möglich. Wichtig: Das Skript sollte seine eigenen Formulierungen enthalten. Verzichten Sie daher auf Beschreibungen aus Lehrbüchern.

- Diese Rohfassung muss nun verfeinert werden. Dafür nehmen Sie am besten eine reale Durchführung auf Video auf. Das Skript wird so lange an die Aufnahme angeglichen, bis es exakt mit ihr übereinstimmt.

- Als Nächstes machen Sie gemeinsam mit Ihrem Kind die Knotenpunkte, sogenannte Schlüsselstellen, ausfindig. Bei einem Wurf sind das: Wurfvorbereitung, Ausholbewegung, Wurf, Ausschwung.

- Der Lerneffekt lässt sich noch steigern, indem man die einzelnen Knotenpunkte mit einem bestimmten Bewegungsgefühl belegt, zum Beispiel:

  - Wurfvorbereitung: Körpergefühl
  - Ausholbewegung: Fluss
  - Wurf: Trennung
  - Ausschwung: Befreiung

Kinder nehmen diese Bewegungsgefühle ebenso unterschiedlich wahr wie wir Erwachsenen. Akzeptieren Sie daher die Formulierungen des Kindes, ganz egal, wie es seine Empfindungen benennt.

Schließlich legen Sie gemeinsam den Aktivierungsgrad an den Knotenpunkten fest, in unserem Beispiel:

- Wurfvorbereitung: 10%
- Ausholbewegung: 30%
- Wurf: 100%
- Ausschwung: 20%

- Im letzten Schritt lernt Ihr Kind das fertige Skript auswendig. Dadurch speichert es den Bewegungsablauf sicher in seinem Kopf ab.

Die eigene Leistung beschreiben

Das Skript bildet immer den eigenen aktuellen Leistungsstand ab. Bitte achten Sie darauf, dass Ihr Kind nicht den idealen Bewegungsablauf dokumentiert oder sich vorstellt, wie ein bestimmtes Vorbild diesen ausführt. Vielmehr soll es die tatsächlichen, eigenen Handlungen so genau wie möglich darstellen. Vergleichen Sie das Skript daher regelmäßig mit der realen Ausführung und passen Sie es gemeinsam mit dem Kind an.

Achtung!

Kino im Kopf

Das eigentliche mentale Training besteht nun darin, den Bewegungsablauf im Kopf durchzuspielen, ohne ihn tatsächlich auszuführen. Alles muss sich ganz echt anfühlen. Stellen Sie sich das wie einen Film im Kopf vor, bei dem das Kind seine Umgebung genauso sieht, hört, riecht und schmeckt wie in einem realen Durchgang. Außerdem ist zu beachten, dass mentale und reale Ausführung gleich lang dauern sollten. Das lässt sich sehr einfach überprüfen, indem Sie beide Male die Zeit stoppen und miteinander vergleichen. Durch diese Methode verankern sich die Bewegungen fester im Gehirn und werden auch in Stresssituationen völlig unbewusst abgerufen.

Korrekte Bewegungen erarbeiten

Bei dieser Trainingsform spielt der Lehrer oder Trainer eine sehr wichtige Rolle, denn nur er kann beim Erarbeiten der korrekten Bewegung helfen. Genauso wichtig ist das Feedback des Kindes, da es das optimale Bewegungsgefühl und die perfekte Bewegungsausführung selbst finden muss.

Mentales Techniktraining mit Kindern

Mentaltraining eröffnet neue Möglichkeiten

Vielleicht sind Sie an diesem Punkt noch skeptisch, ob sich das mentale Techniktraining für Kinder eignet. Aber glauben Sie mir: Meistens nehmen sie es als Riesenspaß wahr. Schließlich ist diese Methode etwas völlig Neues. Plötzlich haben die Kinder die Möglichkeit, sich überall mit der eigenen Leidenschaft zu beschäftigen, auch außerhalb des Trainings. Wie oft erleben wir, dass Kinder zum Fußballkommentator werden, weil sie sich für ihr Leben gern Szenarien ausdenken und vor ihrem geistigen Auge ablaufen lassen? Hier zeigt sich einmal mehr der kindertypische Drang zur Fantasie. Nutzen Sie ihn, indem Sie ihn in die richtige Bahn lenken. Wie wäre es mit einem kleinen Rollenspiel, bei dem Sie den Part des unwissenden Anfängers übernehmen und Ihr Kind Ihnen etwas beibringen muss?

Mein Tipp

Machen Sie Ihr Kind zum Trainer

Lassen Sie sich von Ihrem Kind eine bestimmte Technik oder Bewegung zeigen. Es wird Ihnen garantiert mit Feuereifer erklären, wie eine Vorhand im Tennis oder der Armschlag beim Schwimmen funktioniert. Auf diese Weise spielt es die Bewegungen mental im Kopf durch und wird automatisch besser.

Das klappt aber nicht nur im Sport! Ihr Kind schreibt krakelig? Dann spielen Sie einen Schüler, der von ihm das Schreiben lernen möchte. Beginnen Sie ganz am Anfang und fragen Sie: «Wie setze ich mich an den Tisch?», «Wie ist meine Körperhaltung?» oder «Wie halte ich den Stift?» Tun Sie, als hätten Sie noch nie auch nur einen Buchstaben geschrieben. Machen Sie ruhig den einen oder anderen Fehler und lassen Sie sich von Ihrem Kind korrigieren. Wenn es so genau über alle Einzelheiten nachdenken muss, kommt es dem Ziel, einer schöneren Schrift, ein ganzes Stück näher.

Mit Hilfe eines Lehrers oder Trainers lässt sich aus dieser Trainingsform großer Nutzen ziehen. Spezielle Techniken, egal, ob es um die Angabe im Volleyball oder das richtige Halten eines Füllers geht, werden leichter und schneller erlernt. Sollte in einer ernsten Situation, zum Beispiel in einem Wettkampf, doch einmal etwas nicht funktionieren, besitzt das Kind einen genauen Plan. So kann es seine Technik schneller korrigieren und wieder zum gewohnten Ablauf zurückfinden.

Ü35 Technik bewusst machen und verfeinern

Die Kinder führen einen bestimmten Bewegungsablauf aus, zum Beispiel den Aufschlag beim Tennis. Zusätzliche Aufgaben helfen, sich die Technik bewusst zu machen und zu verfeinern:

- Gewichtsmanschette an Arm oder Bein anlegen, um sich besser in die Bewegung einzufühlen und sie zu beobachten.
- Steigerung: Die Bewegung wird mit geschlossenen Augen oder auf einem Wackelkissen ausgeführt.
- Die Kinder lenken ihre Aufmerksamkeit gezielt auf bestimmte Bereiche (Fuß, Bein, Becken, Hüfte, Rücken, Atmung, Arme ...) und fühlen sich in sie ein.

  Fragen Sie: Worauf sind deine Augen gerichtet? Was nehmen deine Ohren wahr?

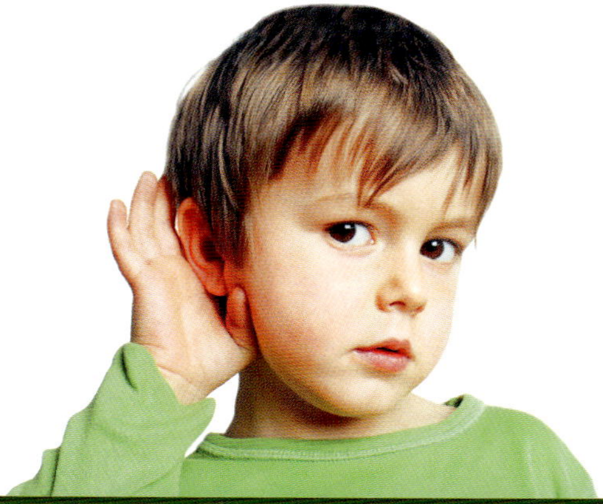

An die Wettkampfsituation gewöhnen

Gelerntes unter Beweis stellen

Jeder Wettkampf, jede Prüfung ist ein großer Moment für uns. Jetzt müssen wir unter Beweis stellen, was wir in den letzten Wochen und Monaten so hart erarbeitet haben. Die ungewohnten Bedingungen sorgen für zusätzliches Unbehagen: Schließlich findet ein Turnier meist an einem anderen Ort, zu anderer Zeit oder mit zusätzlichem Publikum statt. Doch wie bei so vielen Dingen gilt auch hier: Ungewohntes wird zum Gewohnten, wenn man es oft genug wiederholt. Mit der Zeit sammelt man durch die ganzen Wettkämpfe Erfahrungen und kann die Situation immer besser meistern. Leider besteht in den wenigsten Fällen die Möglichkeit, Wettkämpfe als «Training» zu nutzen. Wie wäre es daher im nächsten Training mit einer kleinen Turniersimulation?

«Simulationen bereiten optimal auf Wettkämpfe vor»

Die Kinder sollen sich dabei genauso verhalten wie in einem richtigen Wettbewerb. Das beginnt schon bei der Vorbereitung: Ein richtiges Turnierfeeling kommt nur bei entsprechender Kleidung, Frisur und Ausrüstung auf. Sorgen Sie für die typischen Ablenkungen wie zum Beispiel fragliche Entscheidungen des Schiedsrichters und applaudierende oder gar störende Zuschauer. Das Einspielen von lauter Musik wirkt sich auf die Konzentrationsfähigkeit aus. Das Gleiche gilt für Ort und Zeit. Organisieren Sie doch einmal ein Training in einer anderen Halle und zu einer ungewohnten Uhrzeit. So lassen sich erlernte Handlungspläne zur Anwendung bringen und überprüfen. Sie werden schnell feststellen: Diese Methode bereitet das Kind auf mögliche Situationen vor und gibt ihm vielleicht sogar die Chance, neue Seiten an sich zu entdecken. Treten dann im «richtigen» Wettkampf kritische Situationen auf, hat es schneller einen passenden Handlungsplan parat.

Handlungspläne erarbeiten

Sieben Faktoren für den Erfolg

Persönliche Bestleistung

Streben wir nicht alle, Erwachsene ebenso wie Kinder, nach persönlichen Bestleistungen? Aber wie oft bleibt das gewünschte Ergebnis aus, obwohl wir uns doch alle erdenkliche Mühe gegeben haben? Gerade Kinder reagieren schnell besonders niedergeschlagen. Erklären Sie ihnen, dass Bestleistungen von verschiedenen Faktoren abhängen. Wenn sich der Erfolg trotz Fleiß und Arbeit nicht einstellen will, kann es einfach daran liegen, dass wir die übrigen Punkte nicht optimal miteinander koordiniert haben. Möglicherweise lassen wir das ein oder andere sogar komplett außer Acht.

Ganz unabhängig von der ausgeübten Tätigkeit gibt es sieben Erfolgsfaktoren, die sich entscheidend auf Erfolg oder Nichterfolg auswirken:

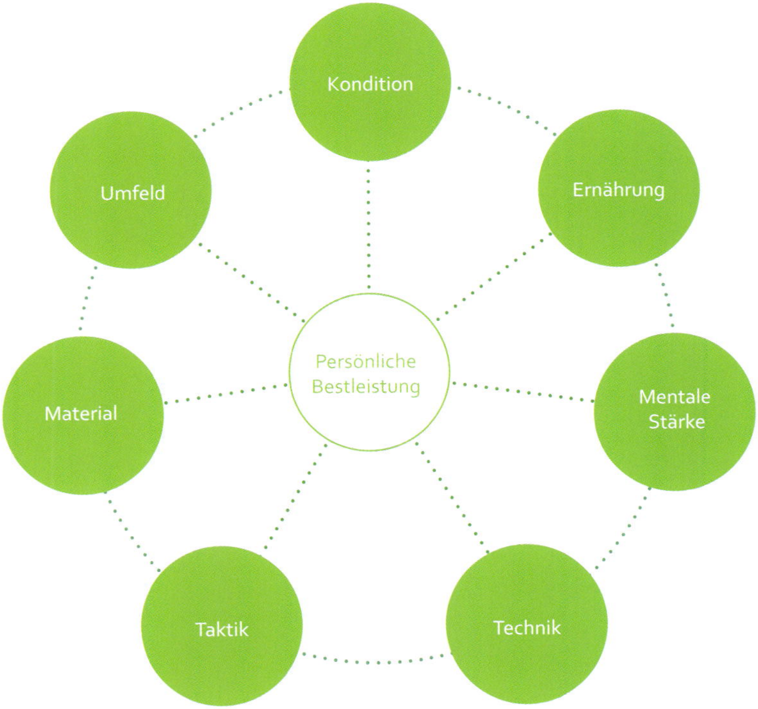

Erfolgsfaktoren überprüfen

Erst das Zusammenspiel dieser Einzelheiten macht eine Leistung zu einer Höchstleistung. Die Defizite können in verschiedenen Bereichen liegen, schließlich verfügen wir Menschen alle über unterschiedliche Stärken und Schwächen. Finden Sie daher gemeinsam mit Ihrem Kind heraus, woran Sie in Zukunft besonders arbeiten müssen, und entwickeln Sie daraus eine entsprechend angepasste Trainingsform. Zu den Faktoren Umfeld, mentale Stärke, Technik und Ernährung habe ich Ihnen in den vorangegangenen Kapiteln bereits viele wertvolle Hinweise gegeben. Bei den Punkten Material, Taktik und Kondition kommt es vor allem auf Folgendes an:

- Material: Das verwendete Material muss den Anforderungen entsprechen. Nur so können optimale Ergebnisse erzielt werden.

- Taktik: Wie gehe ich eine Situation an?

  - Jahresplanung: Saisonziel setzen und auf dessen Umsetzung hinarbeiten (z. B. Platzierung, Fortschritte in der Technik)
  - aufs Training bezogen: Schwächen des Gegners ausfindig machen, Konkurrenten beobachten
  - auf Wettkämpfe bezogen: Schwächen des Gegners nutzen, unabhängig vom Gegner die eigenen Stärken ausspielen

- Kondition: Konditionstraining sollte immer Kraft- und Ausdauertraining umfassen. Besonders wichtig ist, dass genügend Zeit zur Erholung eingeplant wird. Nur so kann sich der Körper regenerieren.

Die Erfolgsfaktoren funktionieren wie ein Rad mit sieben Speichen. Befinden sie sich im Ungleichgewicht, sind die Speichen unterschiedlich lang. Das Rad kann nicht mehr richtig rund laufen und fängt an zu eiern. Dieses Bild leuchtet Kindern sofort ein. Ich zeige Ihnen deshalb auf der nächsten Seite, wie Sie die Erfolgsfaktoren gemeinsam unter die Lupe nehmen.

Ü36 Meine Erfolgsfaktoren

Altersempfehlung: ab 10 Jahren

Als Erstes schreibt Ihr Kind seinen Namen in die Mitte eines Blattes. Davon ausgehend zeichnet es Strahlen für die sieben Faktoren, auf denen sich jeweils eine Skala von 0 (sehr schlecht) bis 10 (einfach super) befindet. Dort trägt es ein, wie es die einzelnen Punkte bei sich selbst bewerten würde. Wichtig: Die 10 stellt dabei immer den höchsten Wert dar, der für das Kind selbst möglich ist, nicht für andere, leistungsstärkere Kinder. Nun werden die Punkte miteinander verbunden. Läuft das Rad gleichmäßig oder hat es irgendwo eine Delle?

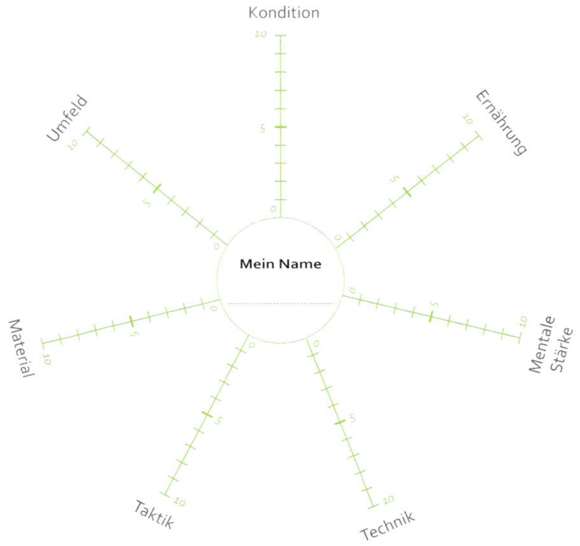

Die eigene Leistung wahrnehmen und vorhersagen

Sich selbst einschätzen

Kinder tun sich oft schwer mit Beurteilungen. Um die eigene Leistung richtig einzuschätzen, benötigen sie deshalb Hilfe durch Trainer, Lehrer oder Eltern. Nur bei einer realistischen Selbstwahrnehmung entwickelt sich die Leistung schnell weiter. Über- und Unterschätzung hingegen wirken sich negativ aus. Helfen Sie daher Ihrem Kind, die eigenen Fähigkeiten besser wahrzunehmen. Wenn es seinen Leistungsstand kennt, wird es seinen Fortschritt nicht nur genauer erfassen, sondern sich auch realistischere Ziele für die Zukunft setzen. Das motiviert, gibt Selbstvertrauen und stärkt die Persönlichkeit. Die eigene Leistung richtig wahrzunehmen, bildet also den Grundstein für eine positive Entwicklung.

Leistungswahrnehmung

Helfen Sie Ihrem Kind, ein Gefühl für die eigene Leistung zu entwickeln. Überprüfen Sie gemeinsam und regelmäßig:

- Körperwahrnehmung (Kann ich meinen Körper präzise spüren? Sind meine Muskeln angespannt oder locker?)
- Wahrnehmung des Körpergefühls (Wie fühle ich mich gerade? Bin ich aufgeregt oder ganz entspannt?)
- Erfolgsfaktoren

Spezielle Übungen für Körperwahrnehmung und Körpergefühl finden Sie im Kapitel über mentale Stärke.

Info

Ü37 Vorhersagekompetenz trainieren

Versuchen Sie es doch einmal mit Prognosetraining. Es bildet eine hervorragende Möglichkeit, um die Vorhersagekompetenz zu stärken und die eigene Leistung so noch weiter zu steigern. Das Muster bleibt dabei immer gleich: Sie stellen eine Aufgabe. Nun gibt das Kind eine Prognose über das Ergebnis ab. Nach der Durchführung vergleichen Sie gemeinsam Vorhersage und Ergebnis. Hat es sich zu gut oder zu schlecht eingeschätzt, sollten Sie dafür eine Erklärung suchen.

Hier einige Anregungen für konkrete Aufgabenstellungen:

- Wie lange kannst du die Luft anhalten?
- Wie viele von 10 Torschüssen kannst du in die rechte obere Torecke platzieren?
- Wie viele von 10 Flanken schlägst du in eine bestimmte Zielzone?
- Bauen Sie einen kleinen Koordinationsparcours auf: Zunächst soll ein Ball durch einen Hütchenparcours gedribbelt werden, am Ende steht ein Torschuss. Fragen Sie zuvor: Wie viele Treffer erzielst du bei 10 Durchgängen?

Prognose und Feedback

Das ProFeed-Programm

Ich möchte Ihnen nun eine besonders effektive Methode vorstellen, um die Prognosefähigkeit zu trainieren, das sogenannte ProFeed-Programm. Es eignet sich für Kinder ab ungefähr neun Jahren und besteht, wie bereits im Namen angedeutet, aus zwei Teilen: Prognose und Feedback. Der Prognose- oder Vorhersagebogen wird am Abend vor dem Wettkampf ausgefüllt. Zunächst soll Ihr Kind eintragen, wie gut es seine Erfolgsfaktoren aktuell einschätzt. Im Anschluss gibt es eine Prognose ab, welches Ziel es voraussichtlich erreichen wird. Nach dem Wettkampf kommt der Feedback- oder Ergebnisbogen zum Einsatz: Hier füllt Ihr Kind aus, wie es seine Erfolgsfaktoren am großen Tag wahrgenommen hat. Als Nächstes notiert es seinen tatsächlichen Erfolg, also zum Beispiel eine Platzierung. Nun kommt das Spannende: Vorhersage und Ergebnis werden miteinander verglichen. Bei starken Abweichungen sollten Sie gemeinsam nach einer möglichen Erklärung suchen.

«Spannend: Vorhersage und Ergebnis vergleichen»

Damit Ihr Kind aber nicht ausschließlich an Medaillen und Pokale denkt oder gar die Lust verliert, weil es nie auf dem Siegertreppchen landet, folgt nun der wichtigste Punkt des ganzen Programms: Ihr Kind soll zwei bis drei Dinge aufführen, die es während des Turniers gut gemacht hat, und zwar unabhängig von der Platzierung. Das könnte zum Beispiel sein «Ich war nur ein bisschen nervös» oder «Ich habe zwischendurch immer genug getrunken». Dafür gibt es einen ganz einfachen Grund: Nach Turnieren und ähnlichen Ereignissen betreiben wir größtenteils Fehleranalysen, Positives wird oft außen vor gelassen. Machen Sie Ihrem Kind alle seine Erfolge bewusst und lassen Sie es stolz darauf sein. Ermutigen Sie es, diese Stärken im nächsten Wettkampf gezielt einzusetzen und weiter zu festigen.

Positives ins Blickfeld rücken

Zeit nehmen

Das ProFeed-Programm erfordert einen recht hohen Zeitaufwand. Wenn Sie sich entschließen, es mit Ihrem Kind durchzuführen, sollten Sie sich besonders am Anfang viel Zeit nehmen und die Bögen gemeinsam durchgehen. Stellen Sie sicher, dass Ihr Kind bei allen Punkten versteht, was gemeint ist. Begriffe wie «Taktik» oder «mentale Stärke» wirken auf den ersten Blick mitunter ein wenig abstrakt. Geben Sie in diesem Fall die notwendigen Erklärungen. Sie könnten vielleicht vom Schachspiel erzählen, bei dem es ja vor allem auf die richtige Strategie ankommt. Nennen Sie gleichzeitig auch konkrete Beispiele aus der Sportart Ihres Kindes. Auf diese Weise wird es schneller erfassen, worum es geht.

Ü38 Vorhersagebogen

Altersempfehlung: ab 9 Jahren (mit Begleitung durch Erwachsenen)
Dieses Blatt wird am Tag vor Wettkampf oder Turnier ausgefüllt.

So schätze ich mich im Moment selbst ein:

	sehr gut	gut	mittel	schlecht	sehr schlecht
Kondition 					
Ernährung 					
Mentale Stärke 					
Technik 					

	sehr gut	gut	mittel	schlecht	sehr schlecht
Taktik 					
Material 					
Umfeld 					

Mein Ergebnis:

Ü39 Ergebnisbogen

Altersempfehlung: ab 9 Jahren (mit Begleitung durch Erwachsenen)
Dieses Blatt wird am Tag nach Wettkampf oder Turnier ausgefüllt.

So gut war ich tatsächlich:

	sehr gut	gut	mittel	schlecht	sehr schlecht
Kondition 					
Ernährung 					
Mentale Stärke 					
Technik 					

	sehr gut	gut	mittel	schlecht	sehr schlecht
Taktik 					
Material 					
Umfeld 					

Mein Ergebnis:

....

Das habe ich bei diesem Wettkampf gut gemacht:

....

....

Das nehme ich für das nächste Turnier mit:

....

....

Positive Selbstgespräche für bessere Wettkampfleistungen

Im Dialog mit sich selbst

Jeder Mensch führt Selbstgespräche. Da gibt es zum Beispiel den inneren Schweinehund, der uns überreden will, mal wieder faul zu sein. Ähnlich beliebt ist der persönliche Kritiker, dem wir einfach nichts recht machen können. Bei uns Erwachsenen werden Dialoge in den meisten Fällen nur in Gedanken geführt. Kinder hingegen sprechen noch häufiger laut mit sich selbst – der perfekte Ansatzpunkt für die Entwicklung positiver Selbstgespräche. Ein Spielverlauf wird schließlich immer von Emotionen und Gefühlen bestimmt, das innere Selbstgespräch findet ständig statt. Diesen Punkt haben auch Sportler längst erkannt. Ihre Selbstgespräche zeichnen sich dadurch aus, dass sie konstruktiv, anspornend und handlungsorientiert ablaufen.

Positive Formulierungen

Dabei kommt es vor allem auf eines an. Wie ich Ihnen bereits im Abschnitt «Sagen Sie es positiv» erklärt habe, kann unser Gehirn mit Verneinungen wie *nicht* oder *kein* einfach nicht umgehen. Sie kennen das bestimmt: Versuchen Sie einmal, *nicht* an etwas Bestimmtes zu denken, zum Beispiel an Ihren nächsten Geburtstag. Schon ertappen Sie Ihre Gedanken dabei, wie sie ständig zu diesem Thema zurückwandern. Das Gleiche gilt auch für das Selbstgespräch. Sagen Sie zum Beispiel zu einem Kind «Spiel nicht zu passiv», bewirkt dies das genaue Gegenteil. Wählen Sie deshalb eine positive Formulierung wie etwa: «Spiel aggressiv».

«Selbstgespräche sollen stets konstruktiv und handlungsorientiert ablaufen»

Weitere Beispiele sind:

Halte den Ball *nicht* so lange.
→ Spiel den Ball früher ab!

Schieß den Ball *nicht* mitten auf das Tor.
→ Schieß den Ball auf die rechte Ecke!

Sei *nicht* so nervös.
→ Sei ruhig und entspannt!

Für die Gedanken und Tipps während des Spiels gilt das Gleiche: Beziehen Sie sich immer auf die konkrete Aufgabe und formulieren Sie so präzise wie möglich, also:

Spiel den Ball einfacher und schneller ab!
Gib alles, beweg dich!
Auf jetzt! Da geht was!
Schau den Ball genau an!
Komm jetzt, geh mehr in die Zweikämpfe!

Neben dem Inhalt kommt es auch auf den Ton des Selbstgesprächs an. Zur Aktivierung darf es ruhig etwas lauter ausfallen, während es beim Entspannen eher ruhig bleiben sollte.

Ü40 Positive Selbstgespräche entwickeln

Altersempfehlung: ab 9 Jahren

Helfen Sie Ihrem Kind, positive Selbstgespräche zu entwickeln. Sie brauchen lediglich ein Blatt Papier, das in der Mitte gefaltet ist. Fragen Sie Ihr Kind nun nach seinen häufigsten negativen Selbstgesprächen. Diese schreibt es auf die linke Seite des Blattes:

Ich kann das nicht.
Ich habe keine Lust.
Ich will nach Hause.

Schauen Sie sich die Gedanken gemeinsam an und suchen Sie nach Möglichkeiten, sie in positive umzuwandeln. Diese werden auf der rechten Seite festgehalten. Ein paar Beispiele:

Ich kann das nicht. → *Ich gebe mein Bestes!*
Ich habe keine Lust. → *Ich bin motiviert und voller Energie!*
Ich will nach Hause. → *Ich genieße diesen Augenblick!*

Wichtig: Das Kind soll die Formulierungen selbst notieren, nehmen Sie ihm diese Arbeit nicht ab. Über das Schreiben festigen sich die Gedanken besonders gut.

Ermuntern Sie Ihr Kind, diese Sätze in schwierigen Situationen zu denken oder noch besser zu sagen. Auf diese Weise gewinnt es an Sicherheit und Selbstvertrauen.

Das Wichtigste auf einen Blick

- Mentales Techniktraining verbessert und stabilisiert Bewegungsabläufe
- Gewöhnen Sie Kinder bereits im Training an die Wettkampfsituation
- Jede Bestleistung ergibt sich aus dem Zusammenspiel der sieben Erfolgsfaktoren
- Leistungsentwicklung setzt immer eine präzise Leistungswahrnehmung voraus
- Mit dem Prognosetraining trainieren Sie systematisch die Leistungswahrnehmung
- Prognose- und Feedbackbögen verbessern die Wettkampfleistung
- Positive Selbstgespräche unterstützen in Wettkampfsituationen

Zusammenfassung

Schlusswort

Leistung, Leistungsentwicklung, Erfolg – Schlagworte mit großer Bedeutung

Es ist schön, dass Sie Ihr Kind auf seinem Weg unterstützen. Stellen Sie den eigenen Ehrgeiz hinten an und seien Sie sensibel für die kindlichen Bedürfnisse, Wünsche und Träume. Lassen Sie Ihr Kind zunächst das machen, was ihm am leichtesten fällt. Dadurch entdeckt es schneller seine Talente. Hat das Kind erst einmal sein Talent und die eigenen Fähigkeiten erkannt, wird es viel einfacher, umfangreichere Aufgaben anzugehen.

Bleiben Sie stets Unterstützer im Hintergrund, die Stars sind die Kinder! Wenn Sie sich in dieser Einstellung wiederfinden, werden beide Seiten davon profitieren.

Ersetzen Sie Beurteilungen wie «gut, besser, der Beste» durch «Zeit, Verständnis, Geduld»! Dies erzeugt Liebe! Kinder sind es wert, gehört zu werden, unabhängig von Leistung und Erfolg. Kein Mensch ist kostbarer als ein anderer. Unsere Kinder sind kostbar, denn in ihren kleinen Augen finden wir uns selbst.

So, wie man sich heute verhält, so wird es morgen sein.
Das heutige Gefühl erzeugt das morgige Handeln.

Schenken Sie täglich viele kleine gute Gefühle, nur so wird das Glück dauerhaft bleiben.

Danksagung

Dieses Buch widme ich allen interessierten Eltern und Trainern, die mich in meiner langjährigen Berufszeit begleitet haben und durch die ich einen großen Erfahrungsschatz sammeln konnte. Ein besonderer Motivator für meine Arbeit sind die zahlreichen Kinder, die ich begleite und begleitet habe. Ihnen verdanke ich meine berufliche und menschliche Entwicklung.

Besonderer Dank geht an meine Pflegetochter Sofia, die mich gelehrt hat, wie wichtig die innere Ruhe und die Freude an den täglichen Aufgaben sind. Das Glück beginnt mit einem Lächeln, es ist unsere Aufgabe, dieses Lächeln ein Leben lang zu erhalten.

Des Weiteren danke ich drei lieben Menschen: Ana Pana, die mich unterstützt und mir immer den Rücken frei hält, Thilo Voll, der zu jeder Tageszeit mit Rat und Tat an meiner Seite steht, und nicht zuletzt Michael Draksal, der an meine Fähigkeiten geglaubt hat und mir die Möglichkeit bietet, mein Wissen weiterzugeben.

Möge dieses Buch eine breite Anerkennung und praktische Anwendung finden.

Johanna Pana

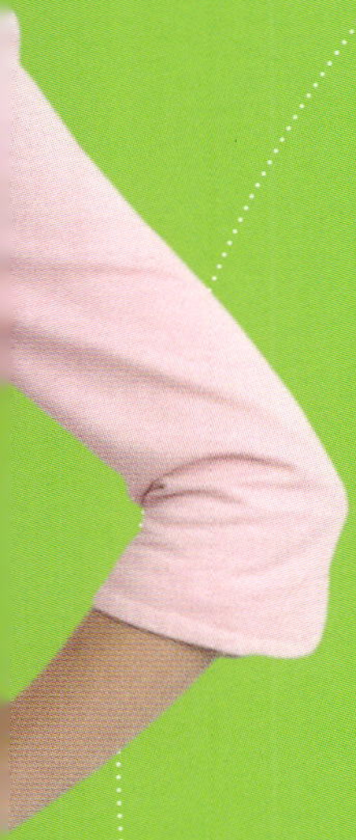

Stark im Netz

«Groß werden ... dieses Abenteuer braucht unsere Unterstützung! Daher steht auch meine Website ganz im Zeichen der Kinder.»

Kinder nachhaltig fördern und fit machen für die Zukunft – das ist mir eine Herzensangelegenheit. Ihnen geht es ebenso? Dann unterstützen Sie mich bei meiner Aktion und besuchen Sie mich im Internet unter www.kinder-ganz-stark.de.

Von ergänzenden Materialien für dieses Buch über Checklisten bis hin zu Übungsvideos: Hier finden Sie tolle Anregungen, um gemeinsam mit Ihrem Kind spannende Horizonte zu entdecken. Lassen Sie uns die Neugier der Kids wecken. Unsere Gesellschaft braucht aufgeschlossene junge Menschen, die auch später mit offenen Augen durchs Leben gehen.

Lehrer, Erzieher, Trainer ... alle sind gefragt

Neben den Eltern benötigt das Projekt «Starke Kinder» noch viele weitere Mitstreiter in Schule und Sportverein. Ich selbst habe immer wieder festgestellt: Jeder, der beruflich oder in der Freizeit mit Kindern zu tun hat, kann etwas bewirken. Aus diesem Grund möchte ich die Methoden, die ich als Trainerin und Schulsportlehrerin gesammelt habe, nun an Sie weitergeben. Für glückliche und ausgeglichene Kinder, die Spaß daran haben, ihr Potenzial auszuschöpfen.

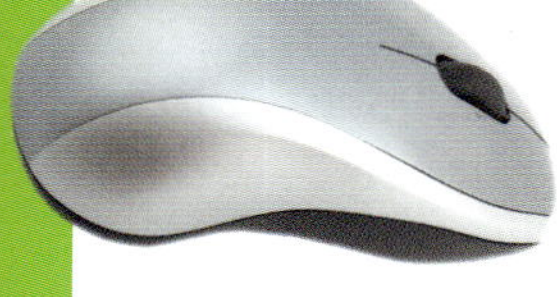

Neugierig? Klicken Sie sich rein!

Immer auf dem Laufenden

Außer vielen praktischen Tipps gibt es auf meiner Seite auch das zugehörige Hintergrundwissen. Egal, ob es Ihnen um Erfahrungsberichte von Eltern oder die aktuellsten Studien geht: In meinem Blog versorge ich Sie mit Wissenswertem rund um die Themen Erziehung, Sport und Mentaltraining. Nutzen Sie die Kommentarfunktion, um Ihre Meinung mitzuteilen und sich mit anderen Lesern auszutauschen.

Weiterbildung für Wissensdurstige

Sie möchten sich noch intensiver damit auseinandersetzen, wie Sie das mentale Training nutzen können? Kommen Sie zu einem meiner Seminare und lernen Sie mich persönlich kennen. Ich freue mich darauf, mit Ihnen zu arbeiten! Genauere Informationen und Termine finden Sie ebenfalls auf meiner Website.

Jetzt Freunde werden!

Das Wohl der Kinder steht im Mittelpunkt – auch bei Facebook. Lassen Sie uns unsere Energien bündeln und vernetzen Sie sich mit mir auf www.facebook.de/KinderGanzStark

«Kinder für die Zukunft stark machen – auf Ihr Engagement kommt es an!»

Bücher zum Weiterlesen

Bischoff, C. (2011).
Touch the Sky. Greif nach den Sternen.
Leipzig: Draksal Fachverlag.
Motivierende Geschichten speziell für Kinder.

Csikszentmihalyi, M. (2010).
Flow. Das Geheimnis des Glücks.
Stuttgart: Klett-Cotta.
Der Flow-Experte schlechthin.

Hainbuch, F. (2010).
Progressive Muskelentspannung.
München: Gräfe und Unzer.
Hier können sich Eltern ein hervorragendes Bild dieser beliebten Entspannungstechnik machen.

Harrison, J. & Hobbs, M. (2011).
Brain Power. Das komplette Fitnessprogramm fürs Gehirn.
München: Dorling Kindersley.
Diese Denkübungen für Kinder ab 14 Jahren machen einfach Spaß.

Holford, P. & Colson, D. (2008).
Optimale Gehirnernährung für Kinder. Fit im Kopf, fit in der Schule, fit im Leben.
Kirchzarten: VAK.
Interessante und anregende Tipps zum Thema Kinderernährung.

Landa, N. & Türk, H. (2010).
Kinder lernen zeichnen und malen. Tolle Bilder aus einfachen Formen.
Freiburg, Br.: Christophorus.
Die Vorschläge in diesem Buch sind für Kinder ganz leicht nachzuzeichnen und sorgen für schnelle Lernfortschritte.

Maslow, A. H. (2008).
Motivation und Persönlichkeit.
Reinbek: Rowohlt.
Sie möchten mehr über die menschlichen Bedürfnisse erfahren? Hier werden Sie fündig!

Mein großes Rätsel- und Knobelbuch: 8-10 Jahre. Über 100 Übungen zur Förderung von Konzentration, logischem Denken, Wahrnehmung und Beobachtung. (2011).
Stuttgart: Schlaumeier.
Eine schöne Abwechslung zu den Aufgaben aus der Schule! Besonders gut gefällt mir, dass die Kinder die Übungen allein machen können.

Ono, M. & Ono, R. (2010).
Origami kinderleicht. 35 einfache Projekte, Schritt für Schritt erklärt.
Freiburg, Br.: Christophorus.
Origami ist einfach ein Dauerbrenner. Kein Wunder, schließlich fördert es Konzentration und Fingerfertigkeit.

Peseschkian, N., Peseschkian, N. & Peseschkian, H. (2009).
Lebensfreude statt Stress. Persönliche Stressfaktoren erkennen und hinter sich lassen. Anstöße – Übungen – orientalische Weisheiten.
Stuttgart: Trias.
Viele Tipps und anschauliche Beispiele. Ein Buch, das man immer wieder gern zur Hand nimmt.

Picon, D. (2010).
Optische Täuschungen.
Potsdam: 7Hill.
Konzentrationsübungen mit Aha-Effekt.

Seyffert, S. (2006).
Komm mit ins Regebogenland. Phantasiereisen, Entspannungsrätsel und Gute-Nacht-Geschichten.
München: Kösel.
Schöne Fantasiegeschichten, mit denen Kinder in andere Welten eintauchen.

Singleton, M. (2004).
Yoga mit Kindern. Spielerische Freude an gemeinsamen Übungen mit kompetenter Anleitung step by step.
München: Nymphenburger.
Yoga sorgt für Konzentration, Koordination, Gleichgewicht und innere Ruhe – auch bei Kindern.

Winkler, M. (2009).
Fingerboarding. Alles über das Skaten mit der Hand.
München: Riva.
Skaten einmal anders, Board inklusive.

Register

A

B

D

E

F

G

H

I

J

K

L

M

N

O

P

R

S

T

U

V

W

Z

Alle Übungen auf einen Blick

Sie finden in diesem Buch viele Übungen für bessere Beweglichkeit und Vorstellungskraft. Diese eignen sich für Kinder von 7 bis 12 Jahren. Darüber hinaus gibt es Aufgaben, die einen gewissen Grad an Lesekompetenz oder Selbstreflexion voraussetzen und deshalb ein höheres Einstiegsalter verlangen. Diese Übungen habe ich jeweils mit einer Altersempfehlung gekennzeichnet.

Mein Tipp

I

K

L

M

P

S

T

U

V

Z

Impressum

Bibliografische Informationen der Deutschen Nationalbibliothek
Die Deutsche Nationalbibliothek verzeichnet diese Publikation in der Deutschen Nationalbibliografie. Detaillierte bibliografische Daten sind im Internet abrufbar: http://d-nb.info/984734597

Pana, Johanna (2011).
Mentales Training für Kinder. Spielend leicht zum Erfolg.
Leipzig: Draksal Fachverlag
ISBN 978-3-932908-52-1
1. Auflage 2011

Verlag
Draksal Fachverlag
Postfach 10 04 51
D-04004 Leipzig
Deutschland

Projektleitung
Carina Heinrich

Layout, Satz & Grafiken
Laura Klinke, Katja Krüger

Cover
Katja Krüger

Lektorat
Carina Heinrich,
Sonja Bufe, Franziska Förster

Gesamtherstellung
Draksal Fachverlag GmbH

Bildnachweis
Fotolia
Cover, 2–9, 11–14, 16, 19–23, 25, 26, 28, 32–36, 40, 44, 45, 46, 48, 50–60, 62–64, 70, 71, 73, 74–76, 78–80, 82–84, 86–88, 90, 92, 93, 95, 96, 97, 99, 103, 104, 106–109, 111, 114, 117, 119, 123, 127, 129, 130–131, 135, 136, 140, 142, 144, 146, 149, 150–152, 161, 166, 169, 171, 172–173, 175, 176–177, 179, 180, 182, 184, 186, 187, 189, 194, 197, 201, 202

iStockphoto
Foto auf der Innenklappe

Michaela Weber
www.graffoto.de
Autorenportraits

Johanna Pana
138, 143, 145, 147, 148, 154, 155, 156, 157, 158, 159, 160

1.–20. Tausend 2011

www.draksal-verlag.de